Il suffit d'écouter les femmes

Il suffit d'écouter les femmes

L'avortement clandestin par celles qui l'ont vécu 1950-1975

Témoignages mis en récit par Léa Veinstein

Flammarion/INA

Certains passages de ce livre peuvent heurter la sensibilité des lectrices et des lecteurs.

ISBN : 978-2-0804-6891-8

Avant-propos

À la fin de l'année 2022 à l'INA, Isabelle Foucrier, productrice, propose d'initier une nouvelle collecte de témoignages inédits. L'horizon des cinquante ans de la loi Veil sur l'IVG se profile et se combine alors à l'une de ses intuitions. Faire entendre les paroles des femmes qui ont avorté en France avant la loi est aujourd'hui une nécessité historique, politique, culturelle : il faut raconter la réalité des avortements clandestins. Un appel à témoins est lancé, un comité scientifique est mis en place sous la direction de l'historienne Bibia Pavard. Au printemps 2024, plus de quatre cents personnes ont répondu et se déclarent prêtes à témoigner. Soixante-dix-neuf sont choisies, selon différents critères sociologiques, géographiques, et en fonction de l'histoire qu'elles ont à raconter. Des équipes sont constituées pour aller recueillir ces témoignages, filmer ces femmes (et ces quelques hommes), à leur domicile, dans toute la France. Ces entretiens vidéo sont destinés à être mis en ligne intégralement ; et, pour certains, à fournir la matière d'un film documentaire, réalisé par Sonia Gonzalez et coproduit avec France Télévisions.

Au même printemps 2024, l'INA et les éditions Flammarion imaginent donner aussi à cette matière bouleversante la forme d'un livre : ils proposent alors à Léa Veinstein, philosophe explorant depuis plusieurs années la notion de témoignage, auteure de récits et de podcasts documentaires, de lui confier ces soixante-dix-neuf entretiens. Alors que les tournages prennent fin, elle commence à travailler à ce livre, entre juin et octobre 2024.

Introduction

Plonger

par Léa Veinstein

« Je dis que l'avenir se souviendra de nous. »

Sappho

Été 2024, contre toute attente, les Jeux olympiques emportent l'enthousiasme. Pour ma part, je passe mes journées à regarder les entretiens de cette collecte de femmes avortées en vue de leur *donner la forme d'un livre*. Mes seules pauses : un peu de JO à la télévision, après le déjeuner. À cette occasion, je me découvre une passion toute neuve pour les épreuves de plongeon. La finale féminine s'appelle « le haut vol ». Les athlètes sautent d'un plongeoir de 10 mètres. La méthode est libre : certaines partent de l'extrémité opposée du plongeoir pour courir et prendre leur élan (un saut sur le plongeoir, puis dans l'eau), d'autres commencent leur envolée directement sur le bord qui jouxte le vide ; d'autres enfin, c'est sans doute le plus impressionnant, se mettent au bord du plongeoir sur les mains, à la verticale, en poirier, et plongent à l'envers. Certaines de face, d'autres de dos. La caméra les filme magnifiquement, au ralenti, je suis captivée. Leurs sauts sont à la fois superbes, parfaits et violents. De l'image de leurs chutes émane autant de grâce que de fureur et de brutalité. Les plongeuses, d'ailleurs, sont souvent recouvertes de pansements, on les voit après coup tenter de faire couler l'eau rentrée dans leurs oreilles, puis se glisser illico dans un jacuzzi pour ne pas laisser le corps se refroidir. Le commentateur – un homme – explique que l'un des critères pour juger de la qualité du plongeon, et déterminer la note, est le volume d'éclaboussures provoqué par l'entrée dans l'eau. S'il n'y a quasiment aucune goutte autour du corps de la plongeuse, c'est excellent. Si elle éclabousse trop, en revanche, c'est mal parti. Il se crée un décalage assez comique entre mon sentiment de spectatrice (l'admiration, la prouesse, le sublime) et les commentaires de la bande-son. Je crie : « Waouh ! », il dit : « Ah, dommage, entrée dans l'eau un peu loupée », « Trop grand volume d'éclaboussures ».

Mon admiration pour ces plongeuses de tous les pays du monde se confond étrangement avec mon admiration pour les femmes de la collecte que je regarde le reste du temps.

Dans le mélange de courage, de beauté, dans ce qu'on impose au corps, dans les conséquences et les éclaboussures, je vois des liens souterrains – il faudrait écrire sous-marins –, presque de l'ordre de la mythologie. La figure du plongeur, et particulièrement de la femme qui plonge, est d'ailleurs un motif central de la mythologie. Je pense à la poétesse Sappho dont on rapporte qu'elle aurait sauté d'un rocher de son île de Lesbos, en Grèce, dans un geste que les hellénistes qualifient tantôt d'érotique, tantôt de cosmogonique. Cela signifie que son plongeon participe de la création du monde. Il y a la mort et la naissance en même temps. Une dimension de sacrifice. Je retrouve cette phrase d'Annie Ernaux dans *L'Événement*, que je relis aussi en parallèle de mes visionnages – elle arrive juste après la description de l'expulsion du fœtus : « C'est une scène sans nom, la vie et la mort en même temps. Une scène de sacrifice[1]. »

Les plongeuses et les femmes de la collecte, une mythologie de femmes réinventée m'accompagne

1. Annie Ernaux, *L'Événement*, Gallimard, 2000.

alors – et je sais que cette chaîne qui traverse de façon un peu absurde les âges et les registres ne me quittera plus jamais.

*

En regardant les soixante-dix-neuf témoignages un par un, selon la méthodologie que je me bricole alors, je prends des notes. J'écris en vrac quelques indications d'abord physiques, matérielles : quelle couleur de vêtement, quelle couleur de cheveux, est-ce que quelque chose dans le cadre (salon, cuisine) attire mon regard ou ma curiosité ; je note aussi les particularités des voix ou des accents, la tonalité de l'entretien (drôle, caustique, tragique, laborieux, fluide...). Enfin, évidemment, je note les éléments saillants du témoignage, de l'histoire de l'avortement dont il est question, ceux qui me permettront ensuite de me repérer pour construire mes choix et mes chapitres. De temps en temps, je transcris des passages entiers qui me semblent importants. Mais je ne suis guidée, à ce stade, que par la façon dont ces témoignages me traversent : parler de « méthodologie » est donc ici un peu vaniteux.

En général, je relis ces notes en fin de journée. Le jour de la finale de plongeon haut vol, je m'aperçois que j'ai fait une faute d'orthographe, ou de frappe, ou peut-être un petit acte manqué. Dans le témoignage d'Évelyne, qui au cours de son avortement se retrouve à l'hôpital, je note « Hotel d'Yeu », alors qu'il s'agit évidemment de l'Hôtel-Dieu.

Je ne suis jamais allée sur l'île d'Yeu, une île du golfe de Gascogne qui, paraît-il, est très belle. Mais je me demande ce que peut bien charrier ce petit lapsus insulaire et inconsciemment anticlérical. Certes, lorsque l'on avorte clandestinement dans les années 1960, comme ce fut le cas de toutes ces femmes, on se situe d'emblée dans un lieu qui évacue Dieu ou que Dieu a déserté. Les bonnes sœurs de l'Hôtel-Dieu où se retrouve Évelyne, du reste, traitent volontiers les femmes avortées, toutes mises dans une même salle les unes à côté des autres, de « traînées ».

Mais pourquoi une île ?

Peut-être ces voix de femmes forment-elles, lorsqu'on les écoute en chorale, lorsqu'on entend les échos, comme un petit continent de terre qui se détacherait de ce qu'on a entendu auparavant sur l'avortement. Car là, et cela frappe d'emblée, nous ne voyons pas se raconter l'histoire du combat pour la loi, ni la restitution d'une lutte. Nous écoutons les femmes.

En parallèle de mes visionnages, je me constitue un corpus de textes que j'ai alors besoin de lire ou relire, un corpus resserré, lui, sur les « grandes voix » de la lutte pour l'avortement : le discours de Simone Veil, matrice de la collecte, la plaidoirie de Gisèle Halimi lors du procès de Bobigny, le Manifeste des 343, *L'Événement* d'Annie Ernaux, auxquels s'ajoute le rapport d'information de la commission des affaires sociales du Sénat, paru le 16 octobre 2024[1]. En lisant ces textes extraordinaires, au sens propre, j'ai l'impression d'entendre mieux les témoignages ordinaires de la collecte. Une double image se forme à mon esprit : comme un format « portrait » et un format « paysage », un champ et un hors-champ, un premier plan et un arrière-plan. Mais la grande singularité de la collecte, qui se détache alors encore plus sous mes yeux, ce n'est pas seulement la parole intime et ordinaire qu'elle nous offre. Car il ne s'agit pas de témoignages au présent de l'avortement. Ce sont des souvenirs.

C'est comme plonger dans un temps où tout cela se passait sans aucune parole, souvent dans la honte. Et le silence.

*

1. « IVG : une "liberté garantie" mais un accès fragile », rapport d'information de la commission des affaires sociales du Sénat, 16 octobre 2024, consultable en ligne : https://www.senat.fr/rap/r24-045/r24-045-syn.pdf

Hiver 1971 dans la Meuse – le mois de février est glacial, Michelle B. a 17 ans, elle est tombée enceinte de son petit ami du lycée, sans savoir. Le rapport a eu lieu autour de Noël. Après avoir consulté son médecin de famille, le docteur Girard, elle se fait avorter à l'aide d'une sonde par une « faiseuse d'anges », qui l'envoie ensuite à l'hôpital près de Paris pour un curetage. On est obligé de prétexter une fausse couche, mais il s'agit d'éviter l'hémorragie. Après l'opération, c'est le soulagement, *il n'y a plus rien*, se souvient-elle.

Puisqu'elle est venue à Paris, elle se dit qu'elle va en profiter pour acheter un disque et repart avec *I Talk to the Wind* de King Crimson : c'est un groupe anglais et cette chanson – qui contraste avec l'énergie rock du titre qui la précède sur l'album – renferme une forme de mélancolie ; une mélancolie douce toutefois, pas triste ni désespérée, un regard à la fois amer et pur sur le moment présent, une révolte qui n'empêche pas la tranquillité d'âme.

Dans le témoignage que Michelle B. confie pour cette collecte, elle marque un temps après ce souvenir (l'achat du disque) et précise : « Je l'ai toujours. »

Le « rien » de la phrase « il n'y a plus rien » qui suit l'avortement, et le « toujours » de la phrase « je l'ai toujours » qui suit l'achat du disque se répondent dans ma tête lorsque j'écoute le témoignage de

Michelle B. Le disque est devenu la trace de ce qui a disparu, de ce que le langage n'avait pu, jusqu'à cette collecte, prendre en charge : elle n'avait pas pu le dire avant.

Les chansons, nous le savons, ont ce pouvoir puissant et mystérieux sur la mémoire : comme les odeurs, elles nous ramènent parfois instantanément à un moment, un affect, une sensation. Elles entretiennent de ce fait un rapport intense à l'indicible ; en les écoutant on retrouve tout, sans avoir besoin des mots, ce qui est pratique lorsque, justement, on n'a pas les mots. Celle-ci, que l'on peut traduire par « Je parle au vent », constitue un genre de mémorial sonore pour cette femme qui n'avait jamais parlé de ça avant. La chanson la ramène à son avortement, cette « expérience totale » comme l'appelle Annie Ernaux, où se jouent à la fois la vie, la mort, le corps, la douleur et le soulagement. Ce disque-mémorial permet à Michelle B. de déployer une parole qui, jusque-là, avait été enfouie ou diluée : personne n'entendait, personne ne pouvait entendre, ces mots-là s'étaient envolés sans exister vraiment, à l'hiver 1971.

Les témoignages de ces femmes que je découvre jour après jour sont très différents, car chaque avortement est différent. C'est l'un des premiers obstacles que je rencontre dans mon besoin de trouver une

« méthode » : je pensais avoir une matrice commune, l'avortement clandestin, je m'aperçois qu'aucun scénario ne se répète, qu'il n'y a pas une façon d'avorter clandestinement, mais soixante-dix-neuf ou presque. Ces mots envolés sont toutefois une ligne de force commune. Toutes les femmes, ou presque, disent qu'elles ne pouvaient pas parler de ça. Toutes semblent puiser dans cette impossibilité préalable pour trouver le courage de raconter, face caméra, de ne rien taire et de tenter d'être le plus fidèle possible à cette mémoire du corps.

*

Pour mesurer ce courage, sans doute faut-il se demander pourquoi elles ne l'avaient pas fait avant. Pourquoi ce silence ? Pourquoi ce n'était qu'au vent, ou dans le vent, que Michelle B. et les autres pouvaient seulement parler ?

Au moment où ces femmes vont interrompre leur grossesse, c'est-à-dire en France métropolitaine dans les années 1950-1970, l'avortement est pourtant pratiqué en masse. C'est une réalité connue de tous, perçue comme faisant partie de l'histoire des femmes et de la fécondité « depuis toujours » – une sorte de réalité hors du temps, anhistorique mais réelle. Certes, les idées reçues et autres mythologies ont la vie dure : les femmes racontent souvent qu'elles savaient qu'elles pouvaient arrêter la grossesse, mais avaient en tête des images d'aiguilles à tricoter, de chutes volontairement provoquées dans l'escalier, de mélanges d'herbes et autres breuvages aux recettes directement héritées de l'Antiquité.

Le langage pourtant ne prend pas en charge cette réalité : on sait, mais on ne sait pas comment dire. Toutes les femmes sans exception témoignent de cela, et il est incroyable de voir resurgir dans leurs voix ce vocabulaire bricolé que tout phénomène clandestin, ou simplement honteux, porte avec lui. On cherche « une solution », on « débrouille » une copine, on « trouve une adresse » entre nous. Les institutions, par exemple médicales, trouvent d'autres subterfuges, usent du latin : Annie Ernaux se souvient de l'étiquette accolée au-dessus de son lit d'hôpital, « utérus gravide », qu'elle avait décodée grâce à ses études de latin :

> J'ai regardé la feuille accrochée au pied du lit. Il y avait écrit « utérus gravide ». Je lisais ce mot, « gravide », pour la première fois, il me déplaisait. En me rappelant le mot latin – *gradivus*, lourd – le sens m'est apparu. Je ne comprenais pas pourquoi

on écrivait cela puisque je n'étais plus enceinte. On ne voulait donc pas dire ce que j'avais eu[1].

C'est innommable d'abord parce que c'est interdit : toutes ces femmes, quels que soient leur degré de connaissance de la loi, leur rapport à l'autorité, quels que soient leur âge ou leur milieu social, se retrouvent projetées dans une zone clandestine, dès lors qu'elles décident (ou que la décision est prise pour elles) d'interrompre leur grossesse. La loi non seulement ne peut plus les protéger de rien, mais est même désormais un pouvoir qui leur est opposé. Elles sont désormais sous le coup d'un risque judiciaire. Ce fait pèse sur la possibilité d'en parler, quand bien même la répression était, au moment de la légalisation en France, depuis longtemps inexistante, et l'illégalité hypocrite. L'argumentation en faveur de la loi reposait d'ailleurs en grande partie sur ce que Simone Veil appelle dans son discours un « état de fait »[2]. On n'a pas le droit de le faire, on n'a donc pas le droit d'en parler : il faudra au moins user d'une langue morte et pseudo-savante, d'un vocabulaire que la patiente

1. Annie Ernaux, *L'Événement*, *op. cit.*, p. 109.
2. On estimait à 300 000 les avortements clandestins en France au moment de la loi Veil.

elle-même, en détresse médicale, potentiellement, ne comprend pas.

Mais l'illégalité n'implique pas nécessairement le silence ou la difficulté à raconter. Au contraire, même : elle a généré une lutte, donc une parole politique. Le droit à l'avortement est devenu l'objet d'un débat de société, d'un combat, et a ainsi donné naissance à un langage militant très riche, très intense, fort, souvent bouleversant. On prend la parole parce qu'il le faut, *pour la cause* : ainsi en est-il du discours de Gisèle Halimi au procès de Bobigny, aussi beau que déterminant dans le processus qui a conduit à la loi, ainsi en est-il de la prise de parole publique de Delphine Seyrig à la télévision, restée dans les annales, ou du film *Histoires d'A*, inoubliable, sans même parler du célèbre Manifeste des 343. On n'a pas forcément les mots médicaux, officiels, mais en tant qu'objet de lutte, on *peut* en parler.

Alors pourquoi les femmes témoignent-elles de ce silence ? C'est que la parole politique n'est pas la parole intime. On ne parle pas dans un mégaphone comme on parle face caméra, dans l'intimité de son salon. Les paroles de ces femmes ne luttent pour rien d'autre que pour restituer un vécu subjectif. Même lorsqu'elles ont été militantes ou engagées, elles ne sont ici branchées sur aucun enjeu militant. Alors, nous n'écoutons plus une parole de prétoire, de tribunal ou de colonnes de presse. L'avortement comme acte, comme vécu physique, c'est une parole de salle de bain, d'arrière-boutique, voire de caniveaux, qu'on le veuille ou non, ça se passe dans les toilettes et les impasses.

Pour commémorer le discours de l'Assemblée nationale, faire advenir et exister la parole d'en dessous, tel est le sens de cette collecte et du livre que vous avez entre les mains. Nous tendons l'oreille, ce sont des mots qui viennent de loin et ce sont des femmes d'un certain âge, qui oublient pour un temps la honte, le dégoût des flux et des hémorragies qui laissent des taches.

Il faut mesurer leur courage : elles nous font entrer dans une zone du vécu, celle que connaît chaque femme du moment où elle a ses règles jusqu'à toutes les douleurs possibles de la maternité et de la ménopause, que l'on met volontairement de côté et pour laquelle, souvent, il n'y a pas de mots. On se débrouille et on garde ça pour soi.

Simone Veil au prétoire – il convient aussi de mesurer son courage – rappelle ce qu'impliquent ce silence, cette incapacité à nommer, ces mots « dans le vent » : une solitude et parfois même une détresse.

> Actuellement, celles qui se trouvent dans cette situation de détresse, qui s'en préoccupe ? La loi les

rejette non seulement dans l'opprobre, la honte et la solitude, mais aussi dans l'anonymat et l'angoisse des poursuites. Contraintes de cacher leur état, trop souvent, elles ne trouvent personne pour les écouter, les éclairer et leur apporter un appui et une protection[1].

« Elles ne trouvent personne pour les écouter » : or, Simone Veil le sait, car elle l'a expérimenté toute sa vie au sujet de sa déportation, la possibilité de parler ne fonctionne pas seule. Elle fonctionne dans le croisement de deux lignes : celui qui parle et celui qui écoute. Si celle qui désire parler sent que personne n'est prêt à l'écouter, à entendre sa parole, le silence se fait, une forme d'autocensure s'applique. Simone Veil en a témoigné, ainsi qu'Elie Wiesel (une fiancée à qui il venait de raconter l'expérience de sa déportation, de l'arrestation au retour, s'était endormie ; lors d'un repas le silence fut si pesant après une allusion à Auschwitz que la seule parole qu'on entendit alors fut : *passe-moi le sel*). Comme le dira Simone Veil, comment voulez-vous reprendre la parole après cela ? Il a fallu attendre que leurs témoignages soient audibles.

1. Discours de Simone Veil à l'Assemblée nationale le 26 novembre 1974, publié aux éditions Points en 2018.

On a dit que les femmes avortées ne racontaient pas ou s'étaient tues, mais pouvait-on réellement les écouter, nous, en tant que société composée de femmes et d'hommes, traversée de principes moraux et de questions politiques, dans cette parole du dessous et du dedans ? Était-on véritablement prêts à ajouter à la grande histoire de l'avortement, déjà documentée et connue, des luttes et des figures, l'expérience réelle et totale de ces « arrière-boutiques » ? Peut-être est-on prêtes et prêts, hommes et femmes faisant société, à ajouter cette île-là au continent de l'histoire, de la mémoire, et de notre conscience.

*

L'écoute qui s'est mise en place au cours de mes visionnages, puis du travail d'écriture, a quelque chose à voir avec la plongée aussi parce qu'elle m'a conduite dans une forme de profondeur, où les voix peu à peu m'arrivaient comme surgies d'un silence total, celui qu'on imagine dans les abysses de l'océan, ou dans l'espace. Les voix des femmes, leurs mots et leurs silences entre les mots (il n'est pas rare que l'intervieweuse décide d'une pause) ont peu à peu envahi mon environnement sonore et mental, c'étaient *des voix dans ma tête*. Mais à l'intérieur de ce chœur de femmes il y a, et vous les retrouverez dans le livre, de temps en temps : des hommes. Ils font partie de l'histoire, ils font partie de la collecte, ils font partie des témoins qui ont répondu à l'appel, et leur présence, bien que minoritaire – pour une fois ! – donne aussi sa profondeur propre à l'ensemble du projet. Ils sont « géniteurs », forcément, souvent absents mais parfois aidants, il faut le voir et l'entendre. Ils sont médecins, internes ou généralistes, ils ont donc pratiqué des avortements clandestins, se sont parfois engagés pour aider les femmes, pas toujours, mais il faut les voir et les entendre. Ils sont proches, frères ou maris, ils sont avocats, ou juges d'instruction. Ils ont aussi participé à cette collecte, et ont donc une place dans ce livre, esquissant par petites touches une histoire que nous avons peut-être à considérer, aujourd'hui plus qu'hier, comme notre histoire commune.

*

La collecte avait déjà été initiée par les équipes de l'INA lorsque le droit à l'avortement fut inscrit dans la Constitution française, en mars 2024 – elle ne doit pas nous faire oublier la menace quasi existentielle, pour une telle loi, d'être réduite ou remise en question ; et nous avons à entendre ces femmes en gardant à l'esprit que l'avortement demeure strictement interdit dans 24 pays, qu'il est autorisé seulement pour sauver la vie de la mère dans 41 pays, et seulement pour des raisons de santé dans 49 pays[1]. Les femmes meurent aujourd'hui pour avoir interrompu leur grossesse dans des conditions matérielles et médicales déplorables : l'Organisation mondiale de la santé (OMS) estime que 25 millions d'avortements non sécurisés sont pratiqués chaque année dans le monde, donnant lieu à 39 000 décès.

Il serait temps d'écouter les femmes.

C'est ce que cette collecte a fait ; les écouter, et les regarder dans un face-à-face inédit – mais ici, nous vous proposons autre chose : nous vous proposons de les lire. Lorsque le silence a été si long, lorsque les mots sont ceux du dessous et de la honte, lorsqu'on parle alors que, maintenant, ce n'est plus vraiment l'objet d'une lutte politique, certes il faut du courage ; mais faire un livre avec ça, en plus ! Relisons le tout premier roman d'Annie Ernaux, *Les Armoires vides*, qui n'osait pas encore affronter l'« événement » par

1. Rapport d'information du Sénat sur l'accès à l'avortement dans le monde, 25 janvier 2024, en ligne : https://www.senat.fr/rap/r23-284/r23-2841.pdf

la non-fiction mais le mettait dans la bouche et la vie de son héroïne de 20 ans, écrasée de solitude :

> Travailler un auteur du programme peut-être, Victor Hugo ou Péguy. Quel écœurement. Il n'y a rien pour moi là-dedans sur ma situation, pas un passage pour décrire ce que je sens maintenant, m'aider à passer mes sales moments. Il y a bien des prières pour toutes les occasions, les naissances, les mariages, l'agonie, on devrait trouver des morceaux choisis sur tout, sur une fille de vingt ans qui est allée chez la faiseuse d'anges, qui en sort, ce qu'elle pense en marchant, en se jetant sur son lit. Je lirais et je relirais. Les bouquins sont muets là-dessus[1].

Faire ce livre aujourd'hui, c'est conquérir un petit territoire de plus sur le silence, la honte, les tabous, ou le sentiment que ça ne regarde que nous. C'est changer un tout petit peu de focale et de perspective – donner forme à leurs mots et à leur dignité, aussi.

Il y a cinquante ans, Simone Veil faisait porter sa voix devant cette Assemblée « presque exclusivement composée d'hommes », et avec l'ironie qui

1. Annie Ernaux, *Les Armoires vides*, Gallimard, 1984, p. 13.

la caractérisait, elle s'en excusait. Elle prononçait alors la phrase que ce livre tente de reprendre comme un chœur grec reprendrait un refrain : il suffit d'écouter les femmes.

Cela signifie, entre autres : si vous les écoutiez vraiment, vous entendriez tant. Ce que vous allez lire ici est devenu un livre parce qu'aujourd'hui nous sommes prêts à les écouter, à faire cesser la honte et même à *faire un livre avec ça*, un livre qui ne soit plus muet, ni adressé seulement « au vent », comme la chanson de 1971, un livre qui écoute les femmes et les hommes aussi, les avorteuses et les avortées, les militantes et les médecins, les sœurs et les petits amis. Un livre qui n'ait plus peur : car oui, il y a du sang, des douleurs intenses et souvent insupportables. Il faut y plonger, sans fausse pudeur ou distance pudibonde, car c'est à cet endroit-là que se joue la dimension totale de cette expérience à mi-chemin entre la vie et la mort, l'intime et l'histoire. On ne travestira pas leurs mots pour en faire de la littérature à la Victor Hugo, certes, mais ce que vous allez lire est plus qu'un recueil de témoignages ou un document, c'est un morceau de bravoure féminine, un morceau d'histoire orale, des contes de l'avortement ordinaire.

*

Je suis née en 1986 et j'ai toujours eu le sentiment d'appartenir, du point de vue de ma condition de fille, de jeune fille, puis de femme et de mère, à une génération privilégiée. J'ai reçu des cours d'éducation sexuelle au collège et au lycée, j'ai une mère féministe qui s'est engagée au sein du MLF et qui a passé une grande partie de sa vie, encore très active, à écrire sur l'histoire des femmes et à militer pour leur liberté. Lorsque j'ai été en âge de découvrir la sexualité, je me suis sentie à la fois plutôt libre et parée à toutes les éventualités. La possibilité de tomber enceinte alors que je ne voulais ou ne pouvais pas l'être existait dans mon esprit comme quelque chose à éviter, et l'avortement comme un droit évident qui m'était acquis. Au fur et à mesure du travail mené pour ce livre, j'ai parlé à d'autres femmes autour de moi, qui ont le même âge que moi, et je retrouve chez elles toutes ce sentiment de l'acquis : nous savons que nous pouvons le faire, si la situation se présente. Mais l'idée que nous disposons de notre corps, que l'enfant doit venir d'un « désir », que la maternité est « choisie », est inscrite en nous. Nous en mesurons toutefois la fragilité, même intuitivement ; nous savons que nous sommes la première génération à jouir de ces droits et de cette liberté, que nos mères ont lutté pour cela, que nous l'avons en dette envers ces femmes qui nous précèdent et nous ont donné naissance.

Nous le savons, et pourtant nous n'en parlons pas nécessairement avec elles. Ce que je sais, personnellement, des luttes féministes de ma mère, je l'ai glané ici et là, dans des conversations que j'ai entendues ou, puisque ma mère écrit, dans des livres que j'ai lus. Ce n'est pas parce qu'elles sont féministes et libertaires que les mères racontent ces histoires-là à leurs filles : le silence n'épargne personne, cette collecte le dit et le redit. Ce n'est pas forcément un tabou, ni une impossibilité, c'est un fait : un savoir disponible, à la condition qu'on pose des questions. Regarder ces témoignages, puis les travailler, m'a donc donné un accès à des paroles totalement nouvelles – c'est comme si, enfin, les débuts de phrases entendus ici et là trouvaient à se déployer, à se préciser : voilà comment ça se passait. Accéder à la parole des femmes vient alors combler les silences des générations qui vous précèdent, et aide sans doute à réaliser ce désir largement partagé par les femmes de ma génération : transmettre cet héritage, cet acquis, à nos enfants, filles et garçons. La mémoire, alors que l'on pourrait penser qu'elle sépare les générations et les temps, a ce pouvoir proprement révolutionnaire : elle relie. Je me suis peu à peu reliée à ces femmes, et même à ces hommes, qui indirectement me *donnaient* leurs paroles.

Dans ce livre, je tente de vous emmener dans ce lieu de mémoire, cet espace de liens. Je vous propose de plonger dans ces eaux troubles et profondes, pas seulement parce qu'il suffit d'écouter les femmes mais parce que ça peut nous aider aussi, de les écouter – nous éclairer, nous mettre en garde, nous faire pleurer et rire aussi, nous donner à entendre, nous donner à penser, vaincre le vertige.

Chapitre premier

La sexualité avant – savoir comment on fait

« Dans l'amour et la jouissance, je ne me sentais pas un corps intrinsèquement différent de celui des hommes. »

Annie Ernaux, *L'Événement*

« Pour que Marie-Claire, qui s'est trouvée enceinte à 16 ans, puisse être poursuivie pour délit d'avortement, il eût fallu prouver qu'elle avait tous les moyens de savoir comment ne pas être enceinte, et tous les moyens de le prévoir. [...] Ce que je voudrais savoir, c'est combien de Marie-Claire en France ont appris qu'elles avaient un corps, comment il était fait, ses limites, ses possibilités, ses pièges, le plaisir qu'elles pouvaient en prendre et en donner ? Combien ? Très peu, j'en ai peur. »

Gisèle Halimi

Début 1971. À Corbeil, dans l'Essonne, deux adolescents sont surpris en train de s'embrasser dans la cour de leur lycée. Ils sont réprimandés sévèrement, leurs parents reçoivent des lettres du proviseur décrivant et dénonçant leur mauvaise conduite. En guise de revanche, ils ont l'idée d'un tract à faire circuler. Ils rencontrent alors, dans cette perspective, le docteur Jean Carpentier, qui rédige avec eux un petit texte en forme de mode d'emploi, une sorte de tuto simple et un peu cru intitulé *Apprenons à faire l'amour, car c'est le chemin du bonheur, c'est la plus merveilleuse façon de se parler et de se connaitre.*

Il sera radié de l'ordre des médecins pendant un an. Nous sommes pourtant après Mai 68.

Avant d'avorter, il faut tomber enceinte, donc faire l'amour et avoir eu ses règles. Qu'en savent les jeunes femmes de la collecte, qui ont avorté entre les années 1950 et le début des années 1970 ? Au moment du tournage, la question est systématiquement posée aux femmes : après avoir parlé de leur milieu d'origine et de leur enfance, l'intervieweuse en arrive au moment de l'éducation sexuelle et leur demande, en substance : que saviez-vous et d'où le saviez-vous ? En parliez-vous, et si oui avec qui ? Toutes commencent par nommer le silence et le tabou. Toutes, y compris celles qui grandissent dans des milieux éloignés de toute religion ou qui sont les filles de mères libertaires dans des mondes un peu baba cool. Je pense à Marie-May, dont la mère, anarchiste de gauche, avortera sa propre fille, sans pour autant lui avoir expliqué quoi que ce soit de la sexualité avant ! « On allait manifester pour la contraception, l'égalité hommes-femmes. Mais quand je me posais la question directement sexuelle, comment ça se passe au lit, etc., elle me répondait : "Les gens ont des sexes, ils s'en servent." Donc c'était pas très explicite, on peut pas dire. »

Que savent ces jeunes femmes au moment de leurs premières règles, de leurs premiers rapports, que peuvent-elles savoir ou imaginer ? Est-ce que la possibilité de la grossesse pèse comme un risque ?

À l'arrière-plan, nous retrouvons les échos des vécus ordinaires communs à toutes les jeunes filles, par-delà les époques : premiers frissons, premières règles, calculer les jours – trouver comment on fait. Mais en lien direct avec la question du « savoir », on voit se dessiner en filigrane une question politique : ces jeunes femmes-là, à ce moment-là, *peuvent*-elles réellement disposer de leur corps ?

Michelle B.
Être adolescente à la fin des années 1960

Née en 1954 dans la Meuse, 70 ans

Elle a une coupe au carré brune, une certaine détermination dans le regard. Michelle porte un pull à col roulé noir. Elle témoigne depuis son appartement parisien, où l'on devine à l'arrière-plan une bibliothèque remplie et même un chevalet de peinture. La jeune fille naît dans une famille « petite-bourgeoise », comme elle le dit elle-même, dans le département de la Meuse. Six sœurs, un père directeur de fonderie, marqué par les deux guerres, et une mère qui ne travaillait pas. Une famille « de droite », qui allait à l'église un peu par réflexe – et dans laquelle la sexualité n'existe ni dans le langage ni dans les actes, avant Mai 68.

On n'a jamais parlé de ça à la maison. Alors, toute petite, je sais que j'avais déjà des coups de cœur, il y avait des sensations physiques, assez petite fille. Au niveau éducatif, non, il n'y avait rien. Il n'y avait pas non plus le fait de se méfier de je sais pas quoi. Il y avait pas de sujet, dans le fond. Même quand maman a attendu notre petit frère, on nous en a pas vraiment parlé. C'était un peu bizarre quand même. Je pense pas que c'était comme ça dans toutes les familles. Je me souviens après de voir ma mère qui donnait le sein à Philippe. Mais éducation sexuelle, non. Je sais qu'au lycée, à Joinville, quand j'avais 12 ans peut-être, il y a dû avoir une proposition de cours d'éducation sexuelle. Je crois que c'était une heure de cours. Il fallait le faire signer par les parents. Moi, j'avais tellement la trouille de demander ça à mes parents que j'avais fait une fausse signature pour pouvoir y aller… Comme quoi, ça m'intéressait d'aller à ce cours d'éducation sexuelle. J'y suis allée, mais je me rappelle plus tellement du contenu. Si ça se trouve, j'ai été encore indisciplinée, j'ai fait autre chose à ce moment-là. Non, je crois que j'ai dû écouter, mais je sais que c'était très bref.

Quand j'ai eu mes premières règles, ma mère m'a dit : « Tu sais, ça va t'arriver tous les mois. » Et j'avais dit que je voulais des tampons. Je me souviens que de ça. Quand on n'a jamais eu de rapport sexuel, les tampons… Mais il y avait des petits tampons. Au début, il y avait ces trucs de serviettes, c'était pas très pratique.

Il y avait quand même des magazines. Ma mère recevait des magazines féminins. Elle était abonnée à *Elle*. Nous, on regardait. Moi, je me souviens bien des pubs Tampax.

Les premières sources, c'étaient les copines. Ma copine Hélène avait eu des rapports sensuels avec un cousin, et elle me racontait un peu. Mais je me souviens d'un truc qui m'avait beaucoup choquée. Là, je devais être quand même petite, j'avais peut-être 10 ans. Cette Hélène en question, elle m'avait expliqué ce que c'était qu'un rapport sexuel. Les sexes qui se pénètrent, enfin en tout cas qui se mélangent, etc. Ce qui était toujours pesant sur la sexualité, c'était l'histoire d'avoir un gosse ou pas. C'était quand même ça. Donc, ça m'avait vachement choquée. Je me suis dit, mais c'est pas possible que mes parents… Je pouvais pas imaginer mes parents avoir un rapport sexuel.

Entre copines, on se montrait. Elles m'ont montré comment on embrassait avec la langue et tout ça. C'était très doux. C'était pas pervers. On disait : « Ah bon, faut faire comme ça ? » Elle me disait, elle m'expliquait des trucs, Hélène.

Je sais pas, mais à partir du moment où on a ses règles, les hormones commencent à se mettre en route. J'avais déjà eu quand même des petits coups de cœur comme ça, qui chauffent à l'estomac, plus petite. Mais oui, c'est plutôt vers 14 ans, oui, 14-15 ans. Après, vous dire qu'on avait envie de s'approcher physiquement des garçons, non. Mais enfin, on avait envie d'être pas loin, un truc comme ça. Il y avait les mecs qu'on trouvait chouettes. Et puis, il y avait aussi les fêtes de village. On attendait ça, parce qu'on pouvait aller faire les autotamponneuses. C'était un moyen de « se brancher », entre guillemets.

Il y avait les garçons des lycées mais aussi, dans les villages à côté, des petites usines, et beaucoup de jeunes ouvriers. Tous ces jeunes ouvriers venaient forcément dans les fêtes. On était toutes contentes d'y aller. Et il y avait les fameux bals. C'étaient pas les bals du soir, où on dansait le tango. C'étaient des bals où il y avait un orchestre qui rejouait les tubes de rock actuels. Les jeunes venaient parce qu'ils connaissaient les orchestres. Et il y avait les slows, les fameux slows. Oui, *step by step*, on flirtait, c'est-à-dire qu'on dansait avec quelqu'un qui vous embrassait. Ou alors, ça allait un petit peu plus loin, on sortait un petit peu comme ça. Mais c'était pas un rapport sexuel complet, si je peux dire. Puis on changeait, une autre fête... Il y avait pas de suivi. C'était une espèce d'apprentissage érotique.

Après, je suis allée... Quel âge j'ai ? J'ai 15 ans, 15-16 ans. Après, les flirts deviennent un peu plus « engagés ». Après, j'ai été interne deux ans à

Nancy parce que je voulais plus être chez mes parents. Ça, c'était 1968-1969, 1969-1970. Et 1970-1971, c'est ma dernière année de lycée. Là, j'ai rencontré ce garçon qui s'appelait Alain. Il était un peu plus âgé que moi. C'est avec lui que j'ai eu ce premier rapport sexuel. Il y avait un petit terrain de camping dans un joli parc. Évidemment, c'était le coup de la tente ! Non c'était pas le coup parce que j'étais tout à fait consentante. Mais voilà, mon premier rapport sexuel s'est passé sous une tente. On peut pas dire que c'était ce qu'il y avait de plus sexy ni de plus confortable, mais c'est là que ça s'est passé.

Je pense qu'il y avait d'autres copines comme moi qui disaient : « Bon, il faut qu'on passe à l'action. » À un moment donné, il faut que ça se fasse. Voilà, moi, j'avais envie que ça se passe. J'avais envie d'être une femme. C'était un peu ça, l'idée. Il fallait qu'on devienne une femme. Et puis c'est tout. Enfin, pour moi, je raconte. Évidemment, les autres filles, peut-être qu'elles avaient besoin de beaucoup d'autres choses plus romantiques, mais c'était pas mon cas.

En fait, on n'utilisait pas les préservatifs, bizarrement. Alors que ça existait complètement. Et pourquoi ? Je saurais pas vous dire. Mais on était dans le système de compter les jours après les règles, c'était ça qu'on faisait. On comptait les jours, le système Ogino[1], ou je sais pas quoi. Il y avait aussi, soi-disant, le coït interrompu, c'est-à-dire que le mec se retire avant l'éjaculation. Mais il le faisait pas, donc il valait mieux calculer. Mais une fois dans l'action, on se laissait un peu… C'était pas toujours bien calculé. Il y avait un petit coup de bol, des fois. En même temps, on n'avait pas des rapports sexuels tous les jours. On se voyait quand il y avait la possibilité du camping. Il y avait pas d'endroit pour avoir de rapport sexuel, puisqu'on était complètement mineurs, puisque la majorité était à 21 ans. Je me souviens, il y avait une fille qui était une belle fille, qui avait

1. Méthode de contraception naturelle fondée sur la durée du cycle menstruel. La méthode d'Ogino-Knaus, pratiquée par de nombreux couples dans les années 1960, consiste à s'abstenir de tout rapport sexuel pendant la période de fécondité de la femme. Cette période est calculée d'après différents paramètres : sachant que l'ovulation a lieu le 14e jour du cycle, que les spermatozoïdes peuvent survivre trois jours dans la trompe utérine et que l'ovule est fécondable pendant deux jours, la période fertile, si l'on ajoute une marge de sécurité d'un jour avant et d'un jour après, irait du 10e au 17e jour du cycle. En réalité, les cycles menstruels ne sont pas aussi réguliers et la méthode d'Ogino-Knaus a une efficacité très relative. Même associée à d'autres méthodes de contraception naturelle, notamment la méthode des températures, sa fiabilité n'est pas satisfaisante.

beaucoup d'amants et d'amoureux, et elle avait des rapports dans un petit coin, dans le bois. C'était pas terrible.

Mais on ne pensait qu'à ça – au risque de tomber enceinte. Il y avait pas de contraception. Il aurait fallu repasser au préservatif. Je crois que les mecs étaient pas très sérieux là-dessus. J'ai eu plein de copines qui sont tombées enceintes et qui ne se sont pas fait avorter, jeunes. Oui, ça arrivait souvent, ça. La crainte, elle est un peu après coup. Quand on est dans le désir, on va pas trop se freiner. Et puis il y avait d'autres façons d'avoir du plaisir sexuel sans qu'il y ait pénétration aussi. On pouvait quand même arriver à avoir des orgasmes autrement. Il y avait ça aussi, puisque de toute façon, on pouvait pas se mettre complètement nus dans le parc. C'étaient des sexualités un peu marginales, d'une certaine façon. Quand c'était vraiment un rapport accompli, si on peut dire, effectivement, c'est après coup qu'on se disait tout de suite : « J'espère que j'ai pas fait de bêtise. »

À vrai dire, j'ai dû me sentir sûre de moi parce que j'ai pas pensé que ça m'arriverait. Je pensais que je contrôlais un peu l'affaire. Non, j'y aurais pas pensé parce que c'était la cata. Je voulais absolument pas me retrouver dans cette situation-là. Pas du tout.

On attendait les règles avec impatience. Je me rappelle plus comment je savais qu'il fallait calculer les cycles, attendre les règles, mais on le savait. C'est peut-être des filles plus âgées à l'internat, par exemple. Quand j'étais interne à Nancy, il y avait les filles de première qui étaient là. Il devait y avoir des tas de conversations là-dessus, forcément, puisque c'était en 1971. C'était pas dans le dictionnaire Larousse en tout cas ! Mais j'avais un petit calendrier où je marquais les jours de mes règles. Je comptais, puis après je mettais les rapports sexuels. J'avais une sorte d'historique, pour… Je sais pas pour quoi, pour marquer son histoire aussi, peut-être.

Je ne savais rien sur l'avortement. Je savais pas du tout. Je savais pas du tout comment ça se passait, ni rien. D'ailleurs, j'y suis allée comme ça, je me suis dit : « Ouf ! », mais j'ai pas le souvenir d'avoir été dans l'anxiété. J'étais plutôt dans l'idée de me libérer de cette histoire.

Si, je devais le savoir, puisqu'on disait à la campagne, les faiseuses d'anges, les aiguilles à tricoter… Je devais le savoir, mais… J'ai plus trop le souvenir d'avoir pu penser que je pourrais y être confrontée.

Danielle
Être adolescente pendant la Guerre

Née à Paris en 1931, 93 ans

Et l'adolescence, encore avant, comment c'était ? Qu'est-ce qu'une jeune fille savait, connaissait et désirait pendant la Seconde Guerre mondiale ? Qu'est-ce que ça faisait d'avoir 20 ans dans les années d'après-guerre ? Danielle grandit dans un milieu rural et catholique pratiquant, elle fait partie des « doyennes » de la collecte – et elle se souvient de ses premières découvertes.

On n'en parlait pas. Non, quand j'ai eu mes règles, on m'a dit : « Bah t'es grande fille. » Bon, bah c'est bien, je suis contente. C'est tout ce que j'en ai su. Mais c'était comme ça à l'époque. On ne parlait pas de sexualité. Du tout. Jamais on ne m'a rien raconté. Donc vous arrivez, vous êtes jeune fille, vous ne savez même pas ce qui va vous arriver.

Je l'ai su après, avec des copines, en allant en colonie de vacances. Les gamines nous racontaient des choses. Il y avait des petites Bretonnes, elles nous disaient que quand on allaitait, on nous perçait les seins avec une aiguille pour allaiter. Et moi, je disais : « Oh, j'allaiterai jamais, ça c'est sûr. J'aurai jamais de… Non, non. » C'étaient nous les gamines qui nous débrouillions comme on pouvait. Mais c'est tout, rien d'autre. Je ne me souviens pas avoir parlé de sexe, ni de tout ça.

Ces premières colonies, c'était pendant la guerre. Alors, l'été on partait, on était placés, les jeunes comme nous, par monsieur le curé. Parce que j'avais été élevée chrétiennement. Pour ne pas subir les bombardements, les parents nous envoyaient chez des gens qu'on ne connaissait pas. On y allait en autocar, c'était organisé par le biais du catéchisme. Au début, c'était avec monsieur le curé qui connaissait des gens. Moi, j'étais longtemps chez une dame qu'on appelait « ma tante », avec une autre petite fille. Elle avait bien voulu prendre deux petites filles de Saint-Ouen pour l'été, c'était que pour l'été. Pendant ce temps-là, nos parents restaient là et comme ça, on ne subissait pas les bombardements. Donc on partait tout l'été. On descendait de l'autocar et puis les gens, ils nous choisissaient comme ça. « Moi je veux une petite fille », elles disaient. D'autres : « Moi je veux un petit garçon. » Donc on tombait bien ou on tombait mal. Et l'année d'après on allait chez quelqu'un d'autre, parce que c'était l'été d'après.

Ça a duré... Eh bien c'est les années de la guerre, 1942 ou 1940, dans ces eaux-là.

Je ne me rappelle pas du tout comment j'ai su ce que c'était que la sexualité. Je devais être déjà grandelette. On n'apprenait pas ça tôt, nous. De mon temps, on n'était pas très précoces.

Je me souviens de ma première fois quand même. Encore que, il faut que je réfléchisse. Écoutez, dans le temps, on flirtait plutôt, à mon époque. Flirter, c'est-à-dire jusqu'à la taille. Après, non, c'était... Non, il ne fallait pas toucher. Parce qu'on avait entendu dire qu'on avait des enfants, et que voilà ! Je ne sais pas ce qu'on avait entendu dire, d'ailleurs. On flirtait, mais on ne couchait pas. Moi et mes copines non plus. On flirtait. Des bisous et des machins. Peloter un peu les seins, mais pas au-delà.

Et puis ce qu'on gagnait à l'époque ne m'aurait pas permis de prendre un loyer. Donc j'étais chez mes parents jusqu'à ce qu'ils partent à la retraite dans leur pays.

À ce moment-là, je travaille dans des bureaux au début. Et après, je suis mécanographe [1]. Parce

1. Personne chargée de transcrire, en perforations, des données alphabétiques ou numériques sur des cartes spéciales, avant l'apparition et la diffusion des ordinateurs.

que c'était le métier en vogue. Et c'était beaucoup mieux payé que dactylo. Donc, je suis mécanographe. Je travaille à un moment chez Lavalette, là, à côté. Et après, je suis embauchée à l'EDF. Donc, je fais ma carrière à l'EDF.

Ça ne m'intéresse pas tellement, les garçons. Enfin, peut-être que dans ma tête, j'aimerais bien quand même l'amour avec un grand A. Vous savez comment on est quand on est jeune. Mais ça ne me tourmente pas plus que ça, voilà. Oui, je rencontre des copains, mais sans plus. Je ne couche pas, non.

Oui, je flirte. Alors, ce n'est peut-être pas satisfaisant pour mon flirt, mais moi ça me convient. *(Rires.)* Jusqu'à un âge, disons, assez avancé. Parce que maintenant, je ne sais pas les jeunes filles à quel âge elles couchent, mais moi ce n'était pas de bonne heure. On n'était pas en avance. Après, je fais du camping avec mon amie. À partir de 1949, avec mon amie Clara, on fait du stop pour partir en vacances. On va à porte d'Orléans, on fait du stop et on part comme ça, pour se débrouiller à deux copines. Les vacances ne coûtent pas cher. On fait l'Italie. On est grandes déjà et on ne le dit pas à nos parents.

Et puis bon, on en parle quand même avec les copines. On dit : « Toi alors, t'as couché ? », « Ben non ». Et puis un jour : « Ben oui, j'ai couché. » Voilà. Aucun souvenir marquant de cette première fois, moi. Je n'ai pas fait l'amour avant 21 ans, bien sonnés. Non, parce que c'était un petit gars que j'avais repéré. Parce que c'est toujours les filles qui repèrent les gars quand même, il faut reconnaître. Il me plaisait bien, mais je ne devais lui plaire que moyennement. Donc oui, un jour on couche ensemble et puis il n'y a pas eu de suite. J'ai dit à ma copine : « Ah ben ça y est, je l'ai fait. » Et puis c'est tout. *(Rires.)*

Je l'ai fait, quoi. Je ne sais pas comment vous dire. C'était pas terrible. Même entre copines, les trucs très intimes, on n'en parle pas. C'est tabou.

Voilà, après, j'ai 21 ans, je tombe amoureuse d'un garçon, bien sûr qui n'est pas libre. On est en 1954, par là, c'est la guerre d'Algérie. Je prends ma copine, toujours Clara. Ils sont chez Renault, ils s'occupent beaucoup des Algériens. Et je dis : « Moi aussi, il n'y a pas de raison, je vais aider aussi les Algériens. Il n'y a pas de raison. » Donc je suis en relation avec des gens qui s'occupent beaucoup de ça. On faisait des réunions pour sauver les Algériens.

C'est là que je tombe amoureuse d'un gars. Je l'ai repéré parce que je le trouve beau, il me plaît bien. Je sais qu'il est marié. Enfin il n'est pas marié, mais il est en couple avec quelqu'un. Il me demande un jour si je peux aller porter des papiers en Allemagne. Je dis oui, pourquoi pas. Je suis partie porter des papiers à un type qui est en Algérie et qui est recherché par la police en France. Donc j'y vais, je reviens le lendemain.

C'étaient des papiers à porter. Il fallait prendre le train, aller à Cologne, rencontrer un Algérien à Cologne et lui donner les papiers. Mais à Cologne, je ne connaissais personne. Je ne parlais pas un mot d'allemand. Donc je prends le train quand même avec les papiers. La DST[1] qui était dans le train demande : « Où vous allez ? » « Je vais voir un amoureux en Allemagne pour le week-end. » Voilà c'est tout, ils ne me demandent rien d'autre. L'Algérien parlait français. Je ne le connaissais pas plus que ça mais j'avais son nom. Je savais qu'il fallait descendre à telle gare. Je ne me rappelle plus le nom de la gare d'ailleurs, mais j'avais bien écrit et je suis descendue. Il m'attendait sur le quai, je lui ai donné le papier. J'ai repris le train dans l'autre sens pour rentrer à Paris. Et c'est là qu'il est venu chez moi, voir si tout s'était bien passé.

1. La Direction de la surveillance du territoire (DST) : service de renseignement du ministère de l'Intérieur, au sein de la Direction générale de la police nationale, chargé historiquement du contre-espionnage en France.

Et on couche ensemble, avec ce cher monsieur. Je tombe amoureuse de ce mec. Je sais qu'il n'est pas libre. Il n'est pas marié, mais il n'est pas libre. Mais j'ai dit : « Bon, c'est fichu, quoi. Je ne vais pas faire le poids, moi, bien sûr. » Malgré tout, on a une relation suivie. Donc on se voit clandestinement – enfin, clandestinement, on se voit sans rien se promettre, ni rien du tout, mais on se voit. J'ai des relations avec cet homme et, à un moment, oui, c'est là que je fais la méthode Ogino. J'ai dû apprendre ça par des copines. Il faut prendre sa température, je me rappelle plus. Enfin, c'était d'un compliqué ! Vraiment, je peux pas expliquer. Je sais qu'il fallait toujours prendre sa température et que c'est suivant qu'il y avait de la température ou pas, on pouvait tomber enceinte ou non. Mais… j'ai un beau bébé Ogino qui pointe. Enfin, je suis enceinte et j'essaye de voir quand même une doctoresse qui me donne de la quinine ou je sais pas quoi pour faire passer le bébé, mais moi je veux le garder, ce bébé. Avec ou sans lui, mais je veux le garder. On arrête nos relations parce qu'il part en Algérie. Il part faire la révolution en Algérie, lui. Et moi, j'ai mon bébé.

Sacia
Être adolescente d'origine algérienne

Née en 1948 en Algérie, 76 ans

Elle a des cheveux teints en blond, un chemisier blanc et beaucoup d'allure. Sacia est née en Algérie, elle arrive en France très petite, et grandit à Puteaux dans une fratrie de dix enfants. Son adolescence reflète cette trajectoire d'immigration, d'exil et d'assimilation – comment l'éducation sexuelle des femmes vient-elle se loger là ? Avec qui apprend-on ? Avec les amies. Sylvia, sa grande amie, joue alors un rôle déterminant, pour s'achever dans une histoire tragique que nous retrouverons au chapitre 7.

Maman m'a inscrite d'abord à l'école maternelle de la rue des Couronnes. Donc là, je suis arrivée et j'ai découvert un monde… Pour moi c'était beau. Alors, je me souviens qu'une petite me disait : « On va à la classe. » Moi je disais « la glace ». « Non, pas la glace, la classe. » J'apprenais le français que je ramenais à mes parents qui parlaient qu'algérien. Je ramenais le français à la maison. Et la plus belle chose que j'ai vue à l'école maternelle de la rue des Couronnes, c'est le premier sapin de Noël. Un grand sapin dans ce grand préau qui touchait le plafond. C'était féerique. Voilà les belles choses que j'ai découvertes. Donc on aime la France. Et maman, tout ce qu'elle voyait, c'était que ses enfants vivaient.

La seule chose, c'est que le propriétaire qui habitait une maison à côté, parce que c'était un terrain, avec sa femme il parlait, il me regardait, mais il dit : « Mais c'est une Algérienne. » Et sa femme qui dit : « Non, elle est française. » Mais moi, je comprenais pas trop ce qu'ils disaient. Je ne comprenais pas, mais je voyais qu'ils étaient pas d'accord. Mais c'est tout. Je l'ai compris des années plus tard. Elle disait : « Non, ils sont français. » Et vérité, bien sûr, on était français. Mais lui disait qu'on était algériens. En fait, on est les deux. L'origine est algérienne, mais on était de nationalité française.

Jamais on ne nous a parlé de sexualité ou d'éducation sexuelle, jamais. La seule chose qu'on nous imposait avec maman, c'est de pas jouer avec les garçons, de pas sortir. Donc déjà, je ne pouvais pas jouer. J'ai toujours vu maman enceinte, puisqu'elle avait un enfant tous les ans. Je l'ai jamais vue avec un ventre plat, très rarement, parce que tous mes frères et sœurs ont un écart d'un an, un an et demi. Donc la première chose que je faisais, c'était d'être une deuxième maman.

Je me suis beaucoup occupée de mes petits frères et sœurs. Et jouer, je ne pouvais pas. En plus, maman a vite pris les habitudes françaises. Elle apprenait la cuisine française. Elle essayait de s'habiller comme les Françaises. Donc elle s'intégrait. Elle avait déjà ça, c'était quand même dans les années 1950. Il ne fallait pas se faire remarquer, il fallait être comme les Français. Elle nous a élevés comme ça. Donc ce qui a commencé à être plus difficile pour moi, c'est qu'étant l'aînée, je devais souvent garder les petits frères et sœurs. Et maman me faisait manquer l'école pour garder les petits, parce qu'il fallait qu'elle aille à la pesée, qu'elle aille à la Sécurité sociale, aux allocations… Vous voyez, toutes les démarches. Elle se débrouillait sans voiture, sans rien, par le métro. Je comprends que c'est difficile, mais il y en avait toujours un ou deux à garder, donc je manquais l'école. Et si je demandais d'aller jouer, il fallait que j'emmène mes petits frères avec moi.

Alors je prenais une habitude, c'est de faire semblant. Et je me sauvais. J'avais déjà pris cette habitude de me sauver pour aller chez une petite copine, parce qu'elle avait des jouets. Moi, j'avais pas beaucoup de jouets. Parce que mon papa, il était maçon. Mais il gagnait pas beaucoup. Il gagnait le Smic. Le Smic était pas élevé à l'époque.

Voilà comment a démarré mon enfance, quand même difficile.

Un peu avant mes 10 ans, j'ai été très malade, j'ai pas fait la rentrée comme les autres, parce que j'ai eu un phlegmon aux amygdales. Et c'est là que je rencontre Sylvia. J'ai 9 ans et demi, elle a 8 ans et demi, on a un an et demi d'écart. Une très grande amitié avec Sylvia. Sylvia était très, très, très belle. Vraiment, c'était la plus belle de l'école, donc les garçons quand ils l'ont vue... Alors quand on se voyait le jeudi, eh bien on avait tous les garçons derrière nous. Donc pour que Sylvia puisse s'échapper, il a fallu qu'on change les blousons avec quelqu'un d'autre pour qu'elle puisse rentrer chez elle. Et c'est là qu'on a parlé un petit peu des garçons. On a découvert un peu les garçons. Mais on était encore trop jeunes, on avait 12 ans. On était quand même jeunes là. J'ai vécu une adolescence avec Sylvia qui était formidable. On se voyait le jeudi après-midi, mais c'était difficile pour moi de sortir. Et puis on se retrouvait, on allait à la Foire du Trône. Et la Foire du Trône, on adorait ça toutes les deux. On avait déjà des petits talons, des petites jupes cloches, enfin bon. Et on avait 13 ans et demi, 14 ans à peu près. Je monte dans un manège chenille. On avait deux garçons devant nous, qui nous faisaient la cour, qui s'amusaient à nous draguer, en fait. On rigolait avec eux, très sympathiquement, c'était très gentil. Et puis Sylvia me dit : « On refait un tour, mais toi, tu passes là. » « OK, d'accord. » Je passe là, à sa place, et on refait un tour. Et les garçons qui nous taquinent tout le temps. Puis ça part. Mais moi, j'ai été éjectée du manège. J'ai été éjectée. J'ai rien senti. Je me suis rendu compte de rien. Je suis tombée sur la foule. J'ai été arrachée comme ça, mes collants ou mes bas – mes bas, parce que ça existait pas encore, les collants. On avait les bas tout arrachés. Donc j'ai été chez sa mère, qui est infirmière, qui m'a soignée un peu. Je disais à ma mère que je m'étais fait renverser par une voiture. Je voulais pas dire que j'étais à la Foire du Trône, parce que… Interdit tout ça !

J'avais pas le droit de sortir, en fait. Fallait que j'aille chez Sylvia pour faire mes devoirs. Elle me faisait un petit peu confiance. D'ailleurs, quand j'ai voulu aller à la piscine, mes parents voulaient pas, parce qu'on se met pas en maillot de bain. Quand j'ai voulu être chanteuse, parce que j'avais une très, très jolie voix, la professeure de chant à l'école, rue des Pyrénées, m'avait fait chanter toute une chanson, alors que les autres chantaient deux lignes pour les classer dans les chorales. Et moi, elle m'avait laissée, elle m'avait dit : « Vraiment, tu as une très jolie voix. » Et c'est vrai que j'avais une belle voix, donc je voulais être chanteuse, parce que je chantais tout le temps. Tout le temps, tout le temps. Je pouvais pas faire le ménage sans chanter. Donc je chantais beaucoup. Et ça aussi, mon père, non, non, pas question. C'était ce qui restait alors. On avait été élevés dans la religion, pas dans la tolérance. Pour eux, chanteuse, c'est presque de la prostitution. C'est pas normal. Mais en France aussi, c'était comme ça. Les jeunes femmes aussi, il fallait pas qu'elles fassent du théâtre, il fallait pas ceci, il fallait pas cela. Donc on avait quand même une vie… très serrée. Et aucune explication. Aucune information. Et c'est ce qui a fait tout le reste, en fait.

Moi, quand j'ai eu mes règles pour la première fois, je me suis cachée. Je me suis cachée, je cachais les bandes, je me débrouillais. Alors que Sylvia, sa mère étant infirmière, elle s'était bien protégée. Mais moi, je pouvais pas. Et c'est maman qui a découvert ça comme ça, par accident. J'en parlais pas, on parlait pas de tout ça. Alors déjà, à l'époque, ça se faisait quand même, déjà dans certaines familles françaises, mais alors dans une famille algérienne, c'est encore plus discret. Donc maman, jamais elle m'en a parlé. Alors déjà, on sait même pas comment on est faites. Il y a tout ça. Et alors, viennent mes 15 ans, je crois, 14 ans et demi, 15 ans. Papa me permet d'aller au cinéma avec Sylvia. Et donc, on a été voir *Ben-Hur* qui venait de sortir. C'était un grand spectacle. C'était formidable. Et donc, on est restées avec Sylvia regarder ça. C'est la dernière fois qu'on est sorties vraiment toutes les deux comme amies. C'était la dernière fois[1]. Je l'ai raccompagnée chez elle. Puis elle me raccompagnait. Et puis je la raccompagnais. On n'arrivait pas à se quitter, quoi. Puis à la fin, j'ai dit : « Allez, va, c'est moi. Tu rentres parce que tu vas te faire gronder. » J'ai dit : « Je rentre. » Et sur mon chemin du retour, dans la rue des Pyrénées, je croise Monique qui est ma voisine de palier. Alors je la vois à travers la vitre, elle me dit : « Attends-moi, on va monter ensemble. » Mais elle avait deux, trois amis avec elle, des copains. Dedans, il y a Michel, qui est le papa de ma fille aînée.

Alors évidemment, il me fait la cour. Et moi, je veux pas, évidemment. Et puis après, il me dit : « Écoute, j'habite 3 rue Boyer. Si tu veux, si demain tu viens 3 rue Boyer, c'est qu'on sortira

1. Sylvia avorte clandestinement quelques semaines après, et en meurt. Sa sœur, Falack, témoigne elle aussi dans la collecte : nous la retrouvons au chapitre 7.

ensemble. » C'est que je suis d'accord. « Si je te vois pas, c'est que j'ai compris. » Bon, voilà. Moi, je vais à l'école Simon-Bolivar. À l'époque, c'était l'enseignement commercial. Et je sors de l'école et je vais 3 rue Boyer. Là, je le rencontre. Et démarre donc une rencontre avec lui. Difficilement, évidemment. Parce qu'il fallait toujours que j'aie une raison, de sortir faire des courses ou d'aller à la Sécurité sociale ou d'aller quelque part pour le voir, pour le rencontrer. Et on s'est vus comme ça pendant neuf mois. Mais lui, c'était un voyou. Il s'en vantait pas, évidemment. Donc, moi, je le savais pas. Alors, on tombe amoureux. Seulement quand on a 15 ans, qu'on n'a aucune expérience, on est amoureuse, c'est tout. J'étais vraiment inconsciente. Je découvrais tout avec lui. Et il était vraiment amoureux. Il m'a dit : « Il faut que j'aille voir ton papa. »

Lui, il me harcelait pour qu'on couche ensemble, mais moi, je savais pas ce que c'était. Je ne savais pas. Et il allait m'apprendre, mais je ne savais pas tout ça. Et c'est pour ça que je disais non, parce que moi j'avais peur, je savais pas. Puis j'avais toujours dans la tête : « Mais si je lui cède, il faudra que ce soit mon mari, parce qu'après je pourrais plus me marier. » Enfin, je pensais qu'on pouvait plus se marier. Parce que mes parents nous élevaient quand même dans une certaine rigidité là-dessus. Et puis il me dit : « Mais… » Puis alors j'ai cédé, oui, au bout de neuf mois. J'ai cédé. Je suis tombée enceinte. Et sans aucune discussion, quand ma mère l'a découvert, elle m'a dit : « Je t'emmène à la pharmacie. »

Chapitre 2

Découvrir sa grossesse, décider de l'interrompre

« Or, si le législateur est appelé à modifier les textes en vigueur, c'est pour mettre fin aux avortements clandestins qui sont le plus souvent le fait de celles qui, pour des raisons sociales, économiques ou psychologiques, se sentent dans une telle situation de détresse qu'elles sont décidées à mettre fin à leur grossesse dans n'importe quelles conditions. »

Simone Veil

« De retour à Rouen, j'ai téléphoné au docteur N. qui m'a confirmé mon état et annoncé qu'il m'envoyait mon certificat de grossesse. Je l'ai reçu le lendemain. Accouchement de : Mademoiselle Annie Duchesne. Prévu le : 8 juillet 1964. J'ai vu l'été, le soleil. J'ai déchiré le certificat. »

Annie Ernaux, *L'Événement*

Trois visages de femmes de profil, alignées, et au-dessus cette inscription : *Un enfant... si je veux... quand je veux...* C'est une affiche en noir et blanc, conçue par le tout nouveau Mouvement pour le planning familial. Nous sommes dans les années 1960 et la loi, peu à peu, change : la contraception n'est plus punissable d'amendes ou de peines de prison, l'idée même que la femme puisse « décider », qu'elle puisse « choisir » ou encore qu'elle puisse ou non « désirer » donner naissance à un enfant surgit peu à peu dans les débats publics. La contraception est une première étape déterminante en ce qu'elle pose justement la première question : le « si » et le « quand ». Elle permet aux femmes, et aux couples, de se poser ces questions qui auparavant n'existaient pas, ou pas autrement que comme des menaces : si je ne veux pas d'enfants ou si je n'en veux plus, ou pas encore, ou pas maintenant, comment je ferai ?

L'avortement, à ce moment-là, est véritablement conçu comme la pire issue, et c'est d'ailleurs pour l'éviter que la loi Neuwirth est finalement adoptée. Mais dans les premières années, les décrets d'application sont volontairement et sans cesse retardés, de sorte que, concrètement, la contraception est acceptée par la loi mais inaccessible aux femmes. Philosophiquement et politiquement, elle est une étape dont vont se saisir les mouvements féministes : libres de ne pas être mères grâce à la contraception, pourquoi les femmes devraient-elles se soumettre à une maternité non désirée une fois la grossesse entamée[1] ?

L'idée de décider de poursuivre ou d'interrompre sa grossesse pose déjà celle de la liberté de la femme à disposer de son corps. Nous l'entendons dans les différents témoignages de la collecte : souvent, lorsque la femme apprend qu'elle est enceinte, il n'y a pas de place pour le doute – l'âge, la situation matérielle ou financière sont des éléments qui provoquent une décision immédiate. La liberté de choix est si forte qu'elle emporte tout sur son passage : les craintes matérielles, judiciaires, de réputation, d'argent, et même le risque de mourir sont très souvent balayés, ou dépassés. Revient comme un refrain, au moment où cette question leur est posée : je sais que je ne le garderai pas, je dois trouver *comment.* Le geste d'Annie Ernaux, déchirer le certificat, dit cette décision définitive, intense et

1. Bibia Pavard, *Si je veux, quand je veux. Contraception et avortement dans la société française, 1956-1979*, Presses universitaires de Rennes, 2012.

nécessaire ; une décision qui ne connaît ni hésitation, ni peur, ni possible retour en arrière.

MICHELLE B.

Nous retrouvons Michelle, adolescente dans la Meuse. La jeune fille a rencontré Alain il y a peu, et elle a eu un rapport sexuel avec lui un après-midi de l'hiver 1971.

J'ai mal calculé mon coup. C'était un peu avant Noël, Noël 1971. J'ai pas eu mes règles. Et là, ça a été un peu la panique à bord. Alors, on n'avait aucun moyen simple de savoir si on était enceinte… Quand je vois aujourd'hui à Monoprix le test de grossesse en libre accès dans les rayons, je me dis : mais c'est énorme ! Pour avoir un test de grossesse à l'époque, il fallait aller chez le médecin. Moi, j'étais mineure, mais je suis quand même allée chez le médecin de famille, qui m'a très mal reçue. C'était vraiment un sale type, qui m'a fait la leçon. Il m'a donné des suppositoires qui faisaient que, si on n'était pas enceinte, ça déclenchait les règles. Ça ne les a pas déclenchées. Branle-bas de combat. Par chance, ce garçon avec qui j'avais fait l'amour avait une cousine qui était beaucoup plus âgée que nous, et il savait qu'elle s'était fait avorter.

C'était décidé depuis le début qu'il y aurait cet avortement. C'était impossible de rester enceinte. Ça n'avait aucun sens. Même si j'étais évoluée pour mon âge, j'avais pas du tout envie ! Parce qu'après, qu'est-ce qu'on fait une fois qu'on a un enfant ? On est obligée de se mettre en couple, avec des gens qu'on n'a pas vraiment choisis. Alors là ça part mal, ça part quand même très mal. Non, pour moi, il n'y avait pas d'ambiguïté là-dessus.

Le seul truc, c'était d'arriver à réussir à combiner quelque chose vis-à-vis des parents pour pouvoir partir pour me faire avorter. J'ai pu trouver un truc avec les vacances scolaires de février en leur disant que j'allais chez une copine. Alors, je ne sais pas pourquoi ils n'ont pas vérifié. Je sais pas ce qu'ils ont pensé. En tout cas, j'avais essayé de le dire à ma mère, mais j'ai pas pu. Je sais pas si elle s'en est doutée ou pas. J'ai réussi à partir. C'est Alain qui avait demandé de l'argent à sa mère. Ils étaient beaucoup plus libres, c'était une famille de commerçants. Et puis c'étaient des garçons, il faut quand même dire ce qui est. Ce qui était, en tout cas. Donc voilà, il avait mis l'argent, il avait récolté l'argent. Je suis allée là-bas. J'ai été reçue par la fameuse cousine qui s'était fait avorter plusieurs fois.

Moi, j'avais aucun plan, je connaissais rien. Enfin, je connaissais, mais j'avais pas d'adresse. C'est lui qui a eu le plan. Heureusement, c'est lui qui a tout débrouillé. Il a eu le plan, il s'est débrouillé pour avoir l'argent, il a tout organisé.

Et donc moi, je n'avais rien dit à mes parents. Il y avait pas le choix. Puisque de toute façon, ils étaient pas capables de l'entendre. Moi, il fallait que je me sauve. Il fallait que je raconte une histoire pour pouvoir le faire. Ça faisait partie de la logique.

Je savais que c'était totalement interdit d'avorter. Oui, ça, par contre, j'avais conscience que c'était vraiment un truc qu'il fallait absolument pas faire… D'ailleurs, c'est sûrement pour ça que je n'en ai parlé à personne. Mais je pouvais même pas envisager que ça se fasse pas, de toute façon. D'une façon ou d'une autre, j'aurais trouvé une solution. Quitte à ce que ça parte en drame, mais… j'étais prête à tout. C'était inconcevable d'avoir un enfant. Vous vous rendez compte ? Non, ça ne collait pas du tout avec mon projet de femme. Je ne voulais pas être mère, femme, faire une famille et tout ça, ça m'intéressait pas du tout. C'était pas formulé, mais j'avais une autre énergie. J'avais envie d'être avec les autres, de faire des choses, travailler, d'être indépendante, de ne plus être obligée de rendre des comptes. C'est tout ça aussi. C'est toute cette histoire qui fait qu'on a envie d'être indépendante et de se battre pour l'indépendance. Quand on est tout le temps obligé de rendre des comptes, de subir, c'est compliqué.

Décider, ou pas

Cette décision sans hésitation ni doute montre une impossibilité totale pour la femme d'envisager cette grossesse. Mais outre l'âge ou la situation, cette impossibilité peut être liée, de façon plus tragique, à la façon même dont la femme est tombée enceinte : lorsqu'il s'agit d'un viol, comme dans l'histoire de Nicole que vous lirez au chapitre suivant, ou encore d'un rapport sexuel par prostitution – c'est l'histoire d'Arlette que vous lirez au sixième chapitre. Parfois encore, la femme ne peut même pas décider pour elle, elle est privée de cette capacité, de cette liberté – l'avortement s'impose ou lui est imposé. Alors c'est une autre histoire, une autre facette de la domination, que la collecte nous donne aussi à entendre : celle d'une influence qui parfois prive la femme de cette décision.

Marie
Un combat intérieur

Née en 1955 au Maroc, 69 ans

Ses longs cheveux gris sont coiffés d'une tresse qu'elle met sur le côté. Elle porte un gilet zippé dans les tons orange, de la même couleur qu'un foulard en soie noué autour du cou. Elle est assise à la table de sa cuisine : on le devine à travers la toile cirée qui recouvre la table sur laquelle elle s'accoude. Marie a une voix profonde et claire, une voix que l'on a immédiatement envie d'écouter. Née au Maroc d'un père italien du Sud catholique et d'une mère marocaine et musulmane, elle est arrivée enfant en France, dans les Alpes-de-Haute-Provence. Placée très jeune dans des internats (de filles), elle découvre la sexualité au lycée (mixte). Nous sommes en 1971, Marie a 16 ans, elle est en classe de première – elle tombe enceinte et se questionne.

Moi, quand j'ai su que j'étais enceinte… Il y a tout qui se mélange, putain, c'est fou. Au départ, je me suis dit : « Bon, je suis enceinte, je vais le garder. » Et donc, je me voyais mal en parler à ma mère et encore moins à mon père, vous pensez bien. Donc ce que j'ai fait, c'est que j'ai écrit un courrier au tribunal, au juge du tribunal, en lui disant : « Voilà, je suis enceinte, je ne peux pas en parler à mes parents. J'ai entendu dire qu'il existait des maisons où on accueillait les jeunes filles qui avaient des difficultés mais qui attendaient un bébé. Et j'aimerais savoir quelle est la démarche qu'il faut que je fasse pour pouvoir bénéficier de ça. » Je n'ai jamais eu de réponse.

Et puis j'ai dû en parler à quelqu'un, puisqu'on m'a dit qu'à tel endroit, dans un petit village près d'Arles, il y avait un médecin qui pratiquait des avortements, que peut-être je pourrais y aller, et que peut-être qu'il pourrait faire quelque chose pour moi. Donc moi, je suis partie vers ce village, en plein été, en plein mois de juillet, il faisait une chaleur… Et me voilà parcourant le village, où il n'y avait personne dehors, parce qu'avec la chaleur qu'il faisait les gens avaient autre chose à faire que d'être dehors, à essayer de voir si je repérais une plaque de médecin pour interroger les médecins en question, pour leur demander s'ils pouvaient me pratiquer un avortement.

Vous pensez bien qu'à l'époque, un médecin qui m'aurait vue débarquer comme ça, personne ne pouvait prendre de risque de quoi que ce soit. Ils ne savaient pas d'où j'arrivais. Mais moi, à l'époque, je n'ai pas douté une seconde que j'allais trouver le mec qu'il fallait.

Je pars à Arles en stop. Je ne voyais pas parce que je n'avais pas d'argent. Et donc, je passe l'après-midi là-bas à aller de long en large dans le village en essayant de trouver quelqu'un qui puisse me renseigner. Il faut que je trouve une solution. Parce que mon truc, c'était que mes parents ne le sachent pas. Donc il fallait que je me débrouille toute seule, de toute façon. Il fallait que je me débrouille toute seule.

Mais ma mère s'aperçoit que je suis enceinte. Elle se met à hurler, elle me dit que quand elle est tombée enceinte de moi, un peu par surprise avec mon père, ça a complètement changé sa vie et qu'elle ne veut pas que je vive ce qu'elle a vécu. Se retrouver avec un enfant. Qu'elle allait me faire avorter pour me protéger.

Moi, je lui dis que moi, cet enfant, je veux le garder. Et elle me dit : « Il n'en est pas question. Il n'en est pas question, parce que je sais ce que c'est que de souffrir à cause de ça. Tu vas gâcher ta vie, je ne veux pas que tu gâches ta vie. Pour une connerie. »

Je ne sais pas si elle a déjà avorté, elle. On est sept enfants, nés en huit ans. Étant donné qu'elle, avec mon père, ils faisaient un enfant par an à peu près. Je pense que, entre le dernier et l'avant-dernier, il y a deux ans qui se sont passés. Je pense qu'elle s'est fait avorter à ce moment-là. J'en ai l'intuition, il y a des choses qui me font penser que j'ai raison. Il me semble que j'en ai parlé une fois avec ma sœur et qu'elle avait pensé ça, ou elle, elle avait eu confirmation de ça. Je pense que oui, elle a dû connaître au moins une fois un avortement.

Pour moi, ça a été terrible parce qu'à la fois, je me rendais bien compte que c'était financièrement, socialement, pas possible que j'aie cet enfant parce que je n'étais pas en mesure d'élever un enfant et je n'avais pas les moyens. Et que j'avais des envies de faire des études, d'envisager un métier, etc. Et qu'avec un enfant, ce ne serait pas possible. Et puis, en même temps... J'avais envie d'avoir cet enfant-là, pour plein de raisons. Il y a l'éducation religieuse. J'étais à peine enceinte d'un ou deux mois. Je commençais déjà à sentir le bébé qui bougeait. Je me disais : « C'est un être, je vais tuer un être. » J'avais les deux trucs en tête pendant quelques semaines. Il y a des moments où je me disais : « Il ne faut rien que je fasse, je vais avoir cet enfant, ça va être super. » Et puis à côté de ça, toute la culpabilité judéo-chrétienne qui m'avait été inculquée depuis le début, qui revenait où je me disais : « Mais tu vas être dans le péché toute ta vie. » Ça a été un combat intérieur difficile à vivre. Ça a été terrible, terrible.

Les deux seules choses dont je me souviens, c'est que ça se passe dans la cuisine. La seule chose qui me reste, c'est la table de la cuisine et la cuisine.

Chapitre 3

Les jours où

« Avortement

C'est une affaire de bonnes femmes, quelque chose comme la cuisine, les langes, quelque chose de sale. Lutter pour obtenir l'avortement libre et gratuit, cela a l'air dérisoire ou mesquin. Toujours cette odeur d'hôpital ou de nourriture, ou de caca derrière les femmes. »

Manifeste des 343

« Une semaine après, Kennedy a été assassiné à Dallas. Mais ce n'était déjà plus quelque chose qui pouvait m'intéresser. »

Annie Ernaux, *L'Événement*

La découverte de la grossesse, puis la décision d'avorter sont suivies d'un moment de recherche : il faut trouver la « solution », c'est-à-dire une adresse, quelqu'un, de l'argent. Puis, en écoutant les souvenirs de ces femmes, on voit se dessiner la chronologie implacable de l'avortement : le jour où on pose la sonde ou l'aiguille destinée à provoquer les contractions, puis le jour où les saignements commencent (parfois transformés en dangereuse hémorragie) – suivis de l'instant T, celui de l'expulsion. Aucun avortement ne se ressemble tout à fait, c'est une chose que cette collecte nous enseigne. Mais cette chronologie des faits, cet enchaînement de chaque étape, lui, fait système. Ce qui est commun, au-delà de la factualité, est aussi ce basculement dans une autre temporalité. Les femmes qui avortent témoignent souvent d'un vécu qui fait date. Annie Ernaux est sans doute la voix (et l'écrivaine, la penseuse) de ce changement de temporalité : l'avortement fait événement, il survient et dessine, comme le point sur la droite, un avant et un après. Dans son récit, Ernaux déploie sur plusieurs pages ce basculement temporel : il est même matérialisé par son agenda de l'époque, appui de l'écriture du livre, qui lui permet de revenir au jour le jour sur le déroulement des faits et des sensations. « Je suis rentrée à pied à la cité universitaire. Dans l'agenda, il y a : "Je suis enceinte. C'est l'horreur." » Ou encore, un peu plus loin : « Avec ce récit, c'est du temps qui s'est mis en marche et qui m'entraîne malgré moi. Je sais maintenant que je suis décidée à aller jusqu'au bout, quoi qu'il arrive, de la même façon que je l'étais, à 23 ans, quand j'ai déchiré le certificat de grossesse[1]. » Et ce n'est pas seulement un agenda : les jours où ça bascule, ce sont aussi des souvenirs de lieux, de décors, de visages ou de lumières.

Évelyne
L'arrière-boutique, décor clandestin

Née en 1937 en Meurthe-et-Moselle, 87 ans

Ses cheveux sont teints en blond très clair, carré court, bandeau rouge. Évelyne témoigne depuis son lit car être assise plus d'une heure sur une chaise ne lui serait pas confortable. Elle a les yeux bleu clair, dans lesquels on devine tout de suite une résistance assez forte. Elle peut tenir, elle a de quoi. Née dans un milieu ouvrier pauvre, Évelyne fait partie des femmes qui avaient déjà eu un enfant lorsqu'elles ont avorté. Sa décision ne lui a pas vraiment appartenu : toute son histoire est le fruit de la manipulation violente de sa belle-mère, à la tête d'une boutique de chaussures, qui lui fait subir dans l'arrière-boutique un avortement clandestin et presque forcé.

1. Annie Ernaux, *L'Événement*, *op. cit.*

C'est ma belle-mère qui a tout manigancé et elle a vraiment fait ça comme elle aurait vendu des chaussures. Ah oui, franchement, avec le recul, je me dis : « Mais c'était vraiment ou une inconsciente ou une salope ! » Elle en parlait vraiment comme si c'était quelque chose de très léger : elle disait qu'elle connaissait des femmes, peut-être dans ses vendeuses, qu'elle avait une vendeuse qui était « très forte pour faire ça ». Elle utilisait d'autres mots, jamais celui d'avortement. Elle me disait que c'était une petite aiguille. Elle n'a jamais dit que c'était dangereux.

Ça se passe dans son magasin. Dans son magasin, on devait tout faire.

Il y avait une pièce en arrière-boutique. Puis, ma belle-mère y mettait des boîtes à chaussures de réserve.

Je vais dans cette pièce et je rencontre la vendeuse. Elle semble simple. Je la revois, toute ronde, cheveux courts. Pas très intelligente, pas quelqu'un avec qui j'ai accroché. Elle me dit que c'est rien du tout. Là, je veux dire, j'ai un souvenir… Après, j'ai compris qu'elle se faisait de l'argent à côté comme ça. À côté de son poste de vendeuse.

Ma belle-mère avait dit : « Pour l'argent, vous faites pas de soucis. »

Elle m'a dit que ça faisait pas mal, que c'était une sonde et que j'allais… Là, c'est très flou. Parce que là, donc, j'ai dû garder la sonde. J'étais allée travailler avec la sonde. Je pense que c'était en journée, mais le magasin devait être fermé quand même. Dans la pièce il y avait ma belle-mère, certainement, qui devait être en train de compter ses boîtes de chaussures. Personne ne m'avait vraiment parlé. Mon mari, bon, il a pris pour argent comptant ce que lui a dit sa mère. Personne, j'ai pas eu de soutien, ni d'un côté, ni de l'autre, pour m'expliquer ce que c'était qu'un avortement.

Ça se passe sur une table. Et puis, bon, je suis déshabillée. Ça, ça me gêne beaucoup. Ça me gênait plus de montrer mes fesses à cette femme que de finalement recevoir ce truc. C'est pas très, très long. Je me sens pas mal après ça, et je vais travailler le lendemain. Je travaillais à l'époque à la Rhodiacéta, c'était une société qui faisait du tissu, c'était bien connu à Lyon. J'allais par le bus. Et là, le surlendemain, je prends ce bus pour y aller et je me dis : « Qu'est-ce qui m'arrive ? » Je descends place du Pont, j'ai du sang qui coule dans mes jambes. Je rentre dans un immeuble. La porte est ouverte dans le couloir et avec ce que j'ai, un mouchoir dans ma poche, j'essaye d'absorber le sang. Et puis je suis arrivée dans le magasin de ma belle-mère.

Je lui explique, elle me dit : « C'est rien du tout. » Et puis, je veux dire, là, elle est venue avec moi chez moi. Et puis, j'ai mis comme elle disait, une « patte » (*protection hygiénique*).

Mais ma belle-mère ne m'a rien expliqué. Elle m'a dit que, de toute façon, ça sortirait en faisant pipi. Là, je commence quand même à me faire du souci. Et puis, j'ai mal au ventre. Mais le pire, ça a été le lendemain, le samedi. Ils ont des amis qui sont venus, des amis qui venaient souvent le samedi après-midi, quand ma belle-mère avait terminé sa caisse. J'étais là, à l'étage, j'avais mon fils sur les bras et à un certain moment, j'ai eu mal au ventre, quelque chose de… Je suis tombée dans les pommes et c'est mon beau-père qui a compris, qui m'a pris dans ses bras. En face de chez nous, où on habitait, il y avait un médecin. Mais ils ont pas eu l'idée de sonner ! Il m'a emmenée et, je veux dire, je me suis retrouvée à l'Hôtel-Dieu, parce que finalement on n'était pas très loin de l'Hôtel-Dieu. Et quand je suis arrivée à l'Hôtel-Dieu, alors là, c'est flou. J'étais très mal. Et j'ai été direct au bloc opératoire. Donc même quand je passe encore, maintenant je passe moins, parce que je suis passée en voiture pendant des années… Je vois toujours… Le bloc est tout en haut à l'Hôtel-Dieu. Et je vois toujours la lumière du bloc.

Nicole
Voir ce qu'il ne faut pas voir

Née en 1951 en Gironde, 73 ans

Elle porte un chemisier noir avec de grosses fleurs rouges, une coupe plutôt courte et des cheveux bouclés. Elle a quelque chose de pétillant dans le regard et aussi dans la voix, une trace d'accent du Sud-Ouest. Née en Gironde en 1951, elle se présente d'emblée comme « mère et grand-mère », attachée aux transmissions de femmes à femmes, à l'idée d'une chaîne ancestrale qui nous unit. Elle a 21 ans, elle est étudiante au Beaux-Arts lorsqu'elle découvre qu'elle est enceinte et décide, accompagnée par son compagnon de 18 ans, d'avorter. Elle se dirige d'abord chez un gynécologue de Bordeaux, qui lui confirme qu'elle est enceinte et l'envoie chez son frère, soi-disant pour une piqûre. Là, le temps bascule.

Donc j'y vais avec Bernard, mon mari. On y va tous les deux, heureusement qu'il est là. C'est rue du Palais-Gallien, à Bordeaux. Et là je vois que l'adresse correspond à une agence immobilière. Je suis un peu étonnée. Et puis je rentre dans l'agence. Effectivement, le frère du gynéco tient l'agence. Alors je dis que je viens de la part de son frère, mais il était déjà au courant, l'autre l'avait prévenu. Il me dit : « Bon, on va passer dans la pièce à côté. » Et là, la pièce à côté, c'est sa chambre. Il y a un lit. Il y a une porte-fenêtre qui donne sur une espèce de petit jardin intérieur, comme il y a souvent à Bordeaux. Et là je me dis… Je vois le plan. Je vois le plan du mec. Je lui dis que mon copain est là, qu'il attend dehors, qu'il faut qu'il me fasse la piqûre, mais qu'il n'y aurait rien d'autre. Et donc, le fait que Bernard soit dehors, effectivement, a aidé. Mais je suis sûre que si j'avais été seule, j'y passais d'une façon ou d'une autre, enfin, soit je me laissais faire, soit il me violait, peu importe. Mais c'était du viol de toute façon. Et je pense que ce mec, il devait abuser de tout un tas de nanas comme moi. Parce que quand on cherche à se faire avorter, on va pas aller porter plainte pour dire : « Je suis allée voir machin pour qu'il m'avorte, il m'a violée. » Donc il était sûr du silence des jeunes femmes qui venaient le voir. C'est une pourriture. Donc il m'a fait la piqûre et puis j'ai attendu, ça n'a pas marché. Et c'est des années après, en lisant Annie Ernaux, que j'ai su qu'en fait cette piqûre-là, c'était du placebo. Je crois que c'est dans un de ses livres, *L'Événement*, où elle décrit ça, où elle a dit qu'elle a eu une piqûre et qu'en fait c'était un truc qui servait à rien.

Je savais pas. Et donc ça n'a rien donné. Et là, les semaines passent. Et dans le milieu étudiant, aux Beaux-Arts, un étudiant qui était avec nous me dit : « Ma femme a une amie qui connaît quelqu'un qui l'a avortée qui peut peut-être faire quelque chose. On va voir si elle est ok. » Donc il fallait demander à la dame qui fait les avortements si elle est d'accord pour me recevoir. Enfin c'est tout un cheminement. Et moi j'attends la réponse. Et un jour, il vient et puis il dit : « Elle est ok. » Donc là il fallait que je me procure de l'argent en liquide. J'avais un loyer de 250 francs. C'était 500 francs d'avortement. C'est mes parents qui m'ont donné l'argent parce qu'on n'avait pas d'argent.

Donc on prend le rendez-vous, elle habite une échoppe vers la gare Saint-Jean. Elle me pose une sonde. C'est dans sa cuisine. Elle demande à Bernard, qui m'accompagnait, de rester dehors et de pas rester devant la porte, de se balader dans le quartier. Et puis de revenir me chercher au bout de quelque temps, que ça serait fait au bout d'un quart d'heure, vingt minutes. Et donc, là encore, j'ai eu de la chance parce que je suis tombée sur une dame, une ancienne sage-femme, qui a respecté vraiment un protocole sanitaire impeccable. Bon, c'était dans sa cuisine, sur la table de sa cuisine. Mais tout était très stérilisé. La sonde était dans une pochette sous-vide. J'étais sûre qu'elle avait pas servi à quelqu'un d'autre avant. Donc elle me pose la sonde. Et puis elle me demande d'attendre un peu allongée, pour pas me lever de suite. En fait, dans les situations comme ça où on est assez démunies, le moindre petit geste, la moindre petite chose prend une importance incroyable. Et le fait simplement d'avoir affaire à quelqu'un qui respectait des règles d'hygiène basiques déjà c'était presque du bien-être. Ça paraît fou mais il y avait quelque chose de cet ordre-là. Elle était rassurante. C'est pas rien.

Après je suis partie avec la sonde. Et puis elle m'a dit que la sonde pouvait tomber dans un délai de… Ça pouvait être quarante-huit heures comme ça pouvait être une semaine, elle pouvait pas dire, ça dépendait des femmes. Entre-temps, avec Bernard donc, on fait une pause. Il est retourné chez ses parents et moi j'avais besoin de me retrouver seule. Donc je suis restée seule et puis, là, avec des amis, on a décidé de partir en Italie, des copains des Beaux-Arts, pour les vacances de Noël. On avait un ami qui avait un point de chute à Rome, dans la campagne romaine. Donc on décide de partir en stop. Le 26 décembre, ou le 25, on part en stop par deux, moi je pars avec un pote des Beaux-Arts et puis mon amie et son copain partent tous les deux de leur côté. On arrive à Rome au bout de quarante-huit heures, on visite les nécropoles étrusques, on participe à des manifs (c'était en 1972, c'étaient les années de plomb en Italie) – tout ça avec la sonde. Là j'étais dans un état, dans ma tête c'était comme la pensée magique, je me disais : il n'y a plus rien, je suis plus enceinte. J'y pensais même plus.

Je sentais pas la sonde. Il y avait une espèce de déni. On se balade à Rome, on va piazza Navona, on achète des Pinocchio. On nous avait prêté un appartement, un étudiant en sciences. Cet appartement était rempli de bocaux avec du formol dedans et des animaux, des serpents, c'était très glauque. Moi, je dormais par terre sur un matelas. Mon amie et son compagnon, eux, ils avaient droit au seul lit de couple qu'il y avait, c'était une seule pièce. Et là, dans la nuit du 30 au 31, j'ai très mal au ventre. Très, très mal au ventre. C'est incroyable parce que je ne fais même pas le lien avec l'avortement, je ne fais même pas le lien avec la sonde au départ. Je me demande ce qui se passe. J'ai très mal, très, très mal donc je commence à hurler, et là ça réveille le copain à côté, ça réveille mes deux amis à côté aussi. Donc tout le monde se réveille en me demandant ce qui se passe et là, et là, brusquement, je leur dis : « Mais je crois que je suis en train d'avorter. » Là, le principe de réalité arrive, il n'y avait plus de magie. Je dis : « Il faut que j'aille aux toilettes. » Donc je vais aux toilettes et là je sens un truc qui tombe. Je regarde et je vois ce qu'il ne faut pas voir, je vois le fœtus. J'ai vu le fœtus, c'était pas un embryon, c'était un fœtus et je tire la chasse d'eau.

On vit avec, après. Une fois que la chasse d'eau est tirée, alors à la fois c'est une délivrance, c'est terrible à dire, il y a comme une délivrance : ça y est, voilà. Et puis en même temps, il y a une énorme culpabilité, surtout qu'après j'ai eu des montées de lait, j'ai les seins… enfin voilà. Je devais être enceinte, je pense, de trois mois. Il y avait ce mélange de soulagement et de grand chagrin, de gâchis.

Bon, après, j'ai été entourée par mes amis et le lendemain matin, tout est parti. On a essayé de trouver ce qu'il fallait, des serviettes-éponges, parce que je perdais un peu de sang. Et puis on a cherché de l'aide autour de nous, et on a trouvé l'adresse d'un avocat engagé, de gauche, qui pouvait nous accueillir dans une maison qui lui appartenait, où des femmes pourraient me prendre en charge, dans un village pas très loin. Et là, quand je suis arrivée dans cette maison, j'ai été enveloppée par ces trois femmes, complètement enveloppée. Oui, elles m'ont maternée, elles m'ont enveloppée. Alors on ne parlait pas de sororité à l'époque, mais c'était une espèce de compréhension féminine. C'était même pas le mot « solidarité », c'était au-delà de la solidarité, c'est quelque chose qui nous transcende presque, qui nous dépasse. Cet entourage féminin, c'étaient à la fois des sœurs, des mères, qui m'ont prise complètement en charge. J'ai eu de la chance parce que je crois que c'est ce qui m'a permis d'accepter ce qui est arrivé. Cette expérience douloureuse s'accompagne de tellement d'autres choses, de la découverte, entre autres, de cette féminité, comme ça, enrobante, et de cette fierté d'appartenir à ce sexe-là. On est quand même très fortes. Je ne sais pas comment dire, c'est indicible en fait. C'est des histoires de femmes.

Michelle B.

Michelle, l'adolescente que nous suivons depuis le début du livre, a décidé qu'il était impossible pour elle de poursuivre la grossesse qu'elle vient de découvrir. Son petit ami, Alain, a heureusement une cousine qui a déjà avorté plusieurs fois : c'est lui qui trouve l'adresse d'une faiseuse d'anges, et parvient à récolter l'argent pour la payer.

Le soir même, on avait rendez-vous chez une médecin, cette femme qui avait avorté la cousine d'Alain. C'était quand même une médecin, mais enfin, c'était un peu clandé quand même. C'était dans une salle un peu sombre. Moi, c'est la première fois déjà que j'ai eu un spéculum, puisque j'avais jamais été de ma vie chez une gynéco. Là, elle met un spéculum et puis… On met une sonde, en fait. C'est une sorte de petit tube en caoutchouc. Je pense qu'il faut passer dans le col, et il faut percer un petit peu. Il y a quelque chose qui perce, comme un petit truc qui tourne, comme une petite perceuse si on peut dire, et qui met le drain. Ça fait un peu comme un drain. C'est la première étape. Ça fait pas vraiment mal, ça. Après, c'est là que ça se gâte.

Je pense qu'elle m'a donné des médicaments qui poussent les contractions. Après, il y a une bulle d'air qui se crée. Le fœtus va être expulsé. Là, c'est pas joyeux. Ça fait très mal. Ça dure un moment. La nuit, et la journée du lendemain. Et le lendemain en fin de journée, je me suis retrouvée dans la salle de bain de cette femme. Là… C'est pas très élégant, mais bon, le fœtus a été expulsé. C'était pas très gros, c'est plutôt le placenta qui était gros. Le truc était tout petit, puis il y avait beaucoup de sang qui partait, tout ça.

Mais bon, je me disais : « Ouf, ça y est, c'est fini. »

J'étais pas trop en panique, c'était dangereux mais enfin, c'était pas mal organisé, parce qu'après, on retournait chez la médecin pour qu'elle vérifie que tout s'était bien passé, que l'expulsion avait été vraiment faite. Et elle vous envoyait à l'hosto, en disant que vous faites vraisemblablement une fausse couche et qu'il faudrait faire un curetage. C'était le lendemain, je crois.

Une fois que le fœtus est parti, après, c'est fini, il y a plus de douleur, il n'y a plus rien.

Donc le lendemain, je suis allée à la clinique avec la lettre. Alors là, ils m'ont questionnée. Mais bon, j'ai dit que je savais pas, que je faisais du judo, que c'était peut-être ça qui avait déclenché le truc. Après, j'ai eu une anesthésie générale et j'ai eu ce curetage. Je me souviens d'avoir eu mal au réveil, je sais pas pourquoi. Après, c'était fini. Je suis peut-être restée une journée, puis je suis rentrée. Après, je suis rentrée chez ma mère, enfin chez mes parents. Je sais que ma mère faisait la gueule, donc elle s'est peut-être doutée de quelque chose, mais je ne sais pas. Personne n'a jamais rien su, ni mes frères, ni mes sœurs, ni quoi que ce soit.

Chapitre 4

Les avorteuses, faiseuses d'anges – ou pas

« Plus tard, en me rappelant ses yeux clignotant rapidement, sa lèvre inférieure qu'elle rentrait et mâchouillait par intervalles, quelque chose d'imperceptiblement traqué en elle, je penserai aussi qu'elle avait peur. Mais, de la même façon que rien n'aurait pu m'empêcher d'avoir un avortement, rien ne pouvait l'arrêter d'en faire. À cause de l'argent naturellement, peut-être aussi d'un sentiment d'être utile aux femmes. »

Annie Ernaux, *L'Événement*

L'Éclaireur de l'Ain, mai 1925. La page 4 est la page des petites annonces. On trouve des adresses de menuisiers, de charpentiers – la plus tape-à-l'œil est sans doute une petite annonce pour un coiffeur, qui débute par « Pourquoi devenir chauve », et qui liste les nombreux avantages liés à cette condition capillaire : plus de pellicules, plus de shampoing, plus de nœuds ni de brosses. Juste en dessous, d'une police plus petite : « Sage-femme reçoit à toute époque. Discrétion absolue. Payable en argent français. » Dans le journal, elle se masque sous l'appellation de « sage-femme », mais dans l'imaginaire collectif et les discours, l'avorteuse s'appelle déjà faiseuse d'anges. Intrinsèquement liée à l'avortement clandestin, la faiseuse d'anges est un mot et une figure. Mais qui sont ces femmes (ce sont le plus souvent des femmes, même si nous croisons des histoires avec des hommes avorteurs), payées en argent liquide, qui contrairement à ce que dit la petite annonce sont le plus souvent extérieures au milieu médical ? Le terme même, dont la première occurrence dans le Littré semble remonter à 1877, charrie quelque chose d'un mythe, chrétien en l'occurrence, qui transforme les enfants morts en anges ailés. L'expression aurait ainsi désigné en premier lieu les nourrices qui laissaient mourir « de propos délibéré » des nourrissons qu'on leur avait confiés. Le XXe siècle fut celui d'un glissement sémantique : auparavant, la « faiseuse d'anges » provoquait la mort des enfants ; ensuite il s'agit d'embryons, précise le dictionnaire. Lorsque l'on écoute les femmes, on s'aperçoit que ce n'est pas de la pure sémantique. Cette appellation est aussi une mythologie qui, elle-même, participe de nos pensées, de nos imaginaires, de ce que l'on voit quand on pense à un avortement – et pour les femmes avortées, de ce à quoi elles vont se confronter ensuite en réalité. L'image de l'ange n'est-elle pas destinée à sacraliser l'embryon, d'une façon ou d'une autre ? N'est-elle pas liée, aussi, à une culture du secret et de la clandestinité, qui impose d'employer des métaphores pour ne pas dire la trop dure réalité ? Ou alors, et cela n'est pas nécessairement contradictoire, l'idée qu'elles feront des anges n'est-elle pas une forme de secours, de béquille pour des femmes enceintes qui sont obligées, à ce moment-là, de s'en remettre totalement à des inconnues dont elles ignorent tout des mobiles et des méthodes ? On entend tout cela à la fois dans la collecte, qui a réussi aussi à faire parler des avorteuses, pour avancer un peu, et cheminer de la mythologie vers la réalité ordinaire des avortements clandestins.

MICHELLE P.
NE PAS POSER DE QUESTIONS

Née en 1952 dans le Morbihan, 71 ans

L'entretien se déroule dans le salon. Derrière Michelle P., qui porte un pull-over rouge vif, on devine une photographie de nourrisson, tirée en grand, posée comme une photo d'art. Devant cette image, une petite statue en bois, une femme sans bras. La juxtaposition de ces deux éléments, sans doute de simples objets de décoration, au fil du témoignage, crée un effet troublant. Michelle P. a grandi dans un milieu de commerçants (ses parents tenaient un hôtel-restaurant) et n'était pas une élève très épanouie à l'école. Lorsqu'elle décide d'intégrer une école d'hôtesse de l'air, c'est une révélation : sa taille, son physique et son talent pour les langues étrangères la placent d'emblée dans les premières de la classe. Mais alors qu'elle est en première année, elle tombe enceinte. Elle a 17 ans et ce n'est pas envisageable. Du premier rendez-vous chez un gynécologue, elle est envoyée chez une « faiseuse d'anges » – elle se souvient du terme. Et ça ne se passe pas très bien.

On ne voyait pas beaucoup de gynécologues, à l'époque ! Je vois quelqu'un qui me confirme que je suis enceinte de deux mois, deux mois et demi. Je ne sais pas si c'est elle ou si c'est par relation que j'apprends qu'on peut faire ça chez soi, en mettant des sondes qui sont ni plus ni moins des aiguilles à tricoter. Qu'on peut se faire enlever, surtout à deux mois, on peut se faire avorter chez soi. Qu'il n'y a aucun risque, mais qu'il faut payer en espèces.

« Faiseuse d'anges », comme on disait. C'est quelqu'un, peut-être ma cousine ou une amie, qui me parle de ça.

Je l'appelle sur un téléphone fixe. Il ne fallait pas trop en parler parce que c'était interdit. Elle vient chez moi, déjà me voir une première fois… J'avais une chambre de bonne au cinquième étage sans ascenseur et elle vient. Elle m'explique, elle regarde et elle me dit : « Je peux vous le faire tel jour. » J'y vais en confiance. On me disait que ça se faisait. Quand on me dit quelque chose, je crois la personne. Il n'y a pas besoin de me le dire dix fois. J'étais déterminée surtout à ne pas garder cet enfant, ce bébé, ce fœtus.

J'en parle à mon copain qui me dit qu'il ne faut pas le garder, bien sûr, mais qui ne vient pas. Il ne vient pas. C'est le seul avec qui j'avais eu des rapports sexuels, et il ne s'occupe pas de moi. C'était normal à l'époque, ça ne m'a pas choquée. C'est après que vous réfléchissez à tout ça, par rapport à maintenant. Je vois comment mes gendres sont proches de leurs femmes quand elles ont un petit souci. Je me dis : « Waouh, quand même, qu'est-ce qu'on était courageuses ! » C'est vrai que j'aurais pu demander à une amie de venir… Mais, de mémoire, je n'en parle même pas, je ne dis rien, je décide tout toute seule. Ni ma sœur, ni bien sûr mes parents, je n'en parle pas.

Quand la faiseuse d'anges arrive, elle vient d'abord voir les lieux, elle vient voir si j'ai une bassine, des choses comme ça. Et puis elle fait le travail. Elle me dit qu'elle va me mettre deux sondes et que ça va se passer en à peu près vingt minutes, que je vais avoir des saignements et qu'au bout de quinze jours, je ne devrais plus en avoir. En gros, c'est ça. Sans plus. Pas de médicaments à prendre. Elle me dit de vérifier que je n'ai pas d'infection, quand même. De bien me laver, de bien changer les serviettes régulièrement. Mais pas plus que ça.

Je lui donne l'argent. Ce n'était pas une grosse somme. Je dirais 150 euros d'aujourd'hui. Je me souviens que ce n'était pas énormément. Je sais que je l'ai eu facilement, l'argent. Je ne sais plus comment, mais je l'avais trouvé. Ou j'avais économisé. Mais ce n'était pas du tout quelqu'un dans la médecine. Pas un médecin ni une sage-femme, ce n'était pas quelqu'un comme ça.

Elle part. Et elle ne revient jamais. Elle ne vient pas vérifier.

Je n'ai même pas son nom. Je ne sais même pas si elle n'a pas dit un autre nom. On m'avait expliqué qu'il ne fallait pas poser de questions.

Je me rappelle très bien ça. Maintenant, avec du recul, je me dis : « Dis donc, je lui ai fait confiance… » Puis j'ai quand même vu des films depuis là-dessus. Il y en a un qui m'a perturbée, qui est sorti il y a deux ans. Je crois que c'est *L'Événement.* Cette petite jeune, elle est en 1964, je crois. Quand je suis sortie du cinéma, j'ai dit : « C'est mon histoire. » Ça m'a bouleversée, ce soir-là.

Dans les films, on voyait des aiguilles à tricoter. Je me souviens de deux morceaux en métal un peu froids qu'on vous met dans le vagin pour faire sortir ça. Ça fait mal ! Ça fait quand même mal, attention ! Mais c'est surtout qu'on vous demande de vous détendre, pas facile ! Puis vous n'êtes pas chez un gynéco, vous n'avez pas les pattes écartées comme ça. Vous êtes sur une chaise.

Au début sur la chaise, après elle me fait descendre sur un coussin, par terre. Elle est accroupie. Je crois qu'elle est accroupie ou assise. Enfin, elle est à mon niveau. J'ai un gros coussin.

Elle a un produit, je ne sais pas si c'était de l'eau oxygénée, pour nettoyer quand même, ou du mercurochrome sans doute. Quelque chose comme ça pour désinfecter tout le tour de la partie des instruments qu'elle va toucher, et après elle vous met ça. J'ai un souvenir, non pas d'aiguille à tricoter, mais de deux petites sondes noires. Je vois bien ça. Mais je l'ai occulté, ça, longtemps. C'était passé. Ça revient beaucoup plus tard quand vous êtes maman, en fait. Mais pas tout de suite. Je sais que j'ai oublié des choses. Vous voyez, même son prénom. On a dû me le donner. Même si elle s'appelait Sarah ou je ne sais pas quoi, mais je ne l'ai pas retenu. J'ai voulu occulter ça, je pense. Quelque part, j'ai voulu l'occulter.

Et quinze jours après, des saignements terribles.

Elle m'avait expliqué que j'allais avoir beaucoup de saignements foncés, un peu noirs. Et je n'ai jamais eu ça. J'avais des saignements en permanence. Mon sentiment, c'était que tout n'était pas parti. Je décide d'aller voir une gynéco et je lui explique : « Voilà, j'ai fait ça, j'ai fait ça. » Elle lève les yeux au ciel. Déjà en appuyant sur le bas-ventre, elle me dit : « Ouh là là, je sais pas si vous êtes pas encore enceinte ! » Alors, pas d'échographie, je crois pas. Elle vérifie avec le spéculum et, là, elle me dit : « Il y a une partie qui est restée, vous n'avez pas tout évacué. Vous êtes encore enceinte. »

Il fallait que je recommence. Là, ça a été le choc. Et je me suis dit tout de suite que je ne recommencerais pas avec une faiseuse d'anges. Je partirais en Angleterre. Il fallait que je trouve une solution comme ça. Il fallait que ce soit en clinique.

Nous retrouverons Michelle P. au chapitre suivant.

Annie
S'avorter soi-même, puis avorter les autres

Née en 1947 dans le Loiret, 77 ans

Issue d'un milieu ouvrier, Annie grandit dans un foyer où il y a « beaucoup d'amour » entre ses parents. Lorsqu'à 17 ans, alors jeune coiffeuse, elle tombe enceinte, elle ne sait pas quoi faire – et finalement se marie avec un homme qui devient violent, qui la bat et dont elle cherchera au plus vite à se séparer après leur second enfant. Lorsqu'elle s'aperçoit qu'elle est à nouveau enceinte, elle est déjà retournée vivre chez ses parents, dans l'idée de le quitter. Il faut alors absolument « se débarrasser de ça ». Elle s'en occupe elle-même, avec une aisance désarçonnante. Et devient faiseuse d'anges par désir de solidarité envers les autres femmes. Cheveux blancs, lunettes, pull bleu à fleurs, Annie, à l'écran, est assise dans l'entrée de sa cuisine. Elle rit tout le temps, et elle est très drôle.

Rester enceinte, c'était pas possible, parce que mes enfants étaient petits. Puis avec la personne avec qui j'étais, on savait pas vraiment si ça allait être sûr ou pas. C'est là que j'ai décidé de me faire… avec… Comment j'avais fait ? Une poire à lavement. C'étaient des grosses poires, mais il y avait des grosses canules qui étaient longues. Et c'est ça que je me suis introduit dans l'utérus et puis j'ai appuyé. Ça m'a fait très, très mal. Et puis là, j'en avais parlé à mon médecin après, puis il m'a dit : « Mais t'es folle d'avoir fait ça, t'aurais pu faire une embolie pulmonaire ! » Parce que c'est de l'air qui rentre. Et puis après, le lendemain, c'est venu. J'ai même pas eu besoin d'aller à l'hôpital. Tout était propre. *(Rires.)*

Je l'ai fait machinalement, sans savoir si ça aurait fait de l'effet ou pas. Il fallait que je touche mon corps et tout, voir l'utérus, comment ça se passait, pour pouvoir enfoncer un petit peu. Ça m'est venu comme ça. Je me suis dit, c'est rentré par là, il faut que ça ressorte par là. *(Rires.)* Bon je faisais ça le soir, comme j'étais chez mes parents. Ils étaient à l'étage, moi j'étais en bas. Et puis je m'installais sur le canapé. J'avais une glace, avec ce miroir, je sais plus comment je me suis organisée. Et puis, à côté de moi, j'avais un petit pot. Parce que je me dis, si ça vient. Et puis, j'avais stérilisé tout ça. Je crois que j'avais mis des gants. Oui, il me semble. Avec de l'alcool à 90. J'avais pas autre chose.

Puis après, je me suis introduit la sonde, pas la sonde, la canule. Après c'est le lendemain, ça s'est décroché. La poire à lavement, c'était maman qui avait ça. Quand elle était petite, en cas de constipations, elle faisait des lavements. Alors la canule, elle était plus longue. L'intervention, quand j'ai voulu mettre la canule, ça a duré un petit moment. Parce que j'y arrivais pas tout de suite. Parce que là, j'avais pas de spéculum ni rien. Alors donc, c'était… J'y allais à tâtons, comme on dit.

Quand j'ai appuyé, ça m'a fait une douleur dans le ventre, mais mal… Là, ça m'a fait mal. Comme des grosses, grosses règles qui font mal. Mais après, je me suis dit, si ça s'en va, je suis soulagée.

Après, j'ai été me coucher. Et puis, dans la nuit, ça m'a pris, dis donc. Je suis descendue, j'ai pris mon petit pot et tout est parti dedans. Tout le sang… Tout est parti. Puis, j'ai pas eu d'infection ni rien. Ça s'est bien passé. J'étais bien tranquille. Oh là là ! Oui, parce que quand c'est pas voulu… C'est vrai, quand c'est voulu puis qu'on les perd, ça fait de la peine. Mais là, quand c'est pas voulu… Au début, c'est rien. Au début, c'est que du sang. C'est rien du tout.

Après, j'ai entendu des histoires. Pareil, j'avais des amies, c'est pareil, avec des mecs qui couraient, cavalaient. Ils faisaient gosse sur gosse. Donc je dis : « Écoute, moi je peux te débrouiller. » Mais je dis : « Motus et bouche cousue ! » C'est moi qui leur ai proposé. Je voulais les débarrasser comme moi j'ai été débarrassée. Donc on faisait l'intervention dans la cuisine. Bouillir, spéculum, sonde, tout le bazar. Et puis je les mettais sur la table de la cuisine, et puis moi je me mettais une lampe là. Quand j'y repense ! Et puis bon, ça s'est produit comme ça. Et puis cette femme-là, je lui avais fait, bah ça partait pas, elle saignait pas ni rien. Alors je lui avais remis le lendemain, rebouillir, remis le lendemain, et ça n'était pas là. Alors donc, j'étais allée voir un médecin qui était près de chez moi. Et je lui ai demandé, je lui ai dit : « J'ai posé une sonde à une amie, mais ça ne vient pas. » Tout ça. Alors je dis : « Comment il faut l'enfoncer ? » Parce que je savais pas. Et puis lui, il me disait rien. Je dis : « Comme ça ou comme ça ? » Avec mes mains, je faisais des gestes. Puis à un moment, il m'a dit oui. Je dis : « Merci. » Il m'a pas fait payer de visite.

J'avais 22 ans. Mais ça me faisait pas peur. Mais j'ai jamais eu peur de rien, moi. D'inconscience, peut-être. Je me souviens la première que j'ai aidée. Elle, elle était très contente parce qu'elle avait trouvé personne. Elle a eu confiance, sûrement. Et puis après la deuxième, c'est pareil, elles ont eu confiance en moi.

Tout se passe sur ma table de cuisine. Et puis même une fois, la dernière amie pour qui j'ai fait ça, elle était invitée à la maison avec ses enfants, son mari. Et puis, comme je lui avais mis la sonde la veille, je lui ai dit : « Tiens, vous viendrez manger à la maison. » Et puis du coup, ça l'a pris à la maison. Personne a rien vu. Elle me dit : « Je vais aux toilettes. » J'y ai été avec elle, les autres étaient à table et tout. Et puis hop, c'est là, dans le bidet, hop, tout est parti.

Donc j'ai tout mis en place : j'avais tout ce qu'il fallait pour faire du travail propre. Ce matériel, c'est ma sœur qui travaillait en clinique qui m'avait rapporté ce qu'il fallait. Parce qu'elle travaillait à la maternité. Mais la méthode, c'est pas elle qui me l'a apprise, j'ai l'impression que j'ai su faire naturellement. *(Rires.)* Je me demande parfois comment j'ai pu faire ça alors que je ne savais rien, j'y connaissais rien. C'est un peu comme dire à quelqu'un : « Fais un gâteau. » Tu sais pas faire la cuisine, tu fais quand même.

Après la sonde, elles partaient chez elles, et puis après, j'ai dit : « Si tu vois un peu de sang, tout ça, tu vas aux toilettes, tu verras bien. » Puis ça partait, mais sans être hospitalisée. Comme je prenais beaucoup de soin pour stériliser, il y a jamais eu de complications. Alors que j'ai une amie qui s'était fait avorter par un docteur, qui avait posé une sonde, puis qui était parti. Puis elle faisait une hémorragie, il s'en était pas occupé. Puis il avait pris des sous.

Moi c'était gratuitement, gracieusement, pour mes amies. Non, j'aurais pas été prendre de l'argent pour ça, non. Même moi qui étais coiffeuse, quand je coiffe des gens de mon entourage, je leur prends jamais un centime. Je le fais par gentillesse. J'ai juste un souvenir où ça s'était moins bien passé. En fait la fille était enceinte de plusieurs mois, elle l'avait pas dit. Elle m'avait dit qu'elle était enceinte d'un mois, mais c'était plus, hein. Donc, il était déjà formé. Ça faisait une petite chose comme ça. Et là, j'ai mis un chiffon à la poubelle. Ça m'a fait quand même quelque chose, mais même, je l'avais rouspétée. J'avais dit : « Tu me l'aurais dit que c'était tant de mois, je l'aurais pas fait. » Parce que c'est vrai, quand on voit ça, ça fait quand même un choc. Parce que c'était pas beau de mettre ça à la poubelle. Enfin, on n'avait pas le choix. Non, c'était pas la poubelle, c'était dans les toilettes. Dans les toilettes, oui. Puis après, c'est bête parce que, peut-être deux ans après, elle se retrouve enceinte. Elle a eu son enfant. Alors j'ai dit : « C'était ridicule puisque… » Bah non, elle en voulait pas à ce moment-là. Bon, c'était un choix. C'est vrai qu'on a le droit au choix, les femmes, quand même. J'espère, on a le droit au choix.

Moi, je sais que j'aurais aimé être sage-femme. Mais là ça n'avait rien à voir. On était sur la table de ma cuisine, j'avais ma lampe frontale. Qu'est-ce qu'on a eu comme crises de rire. Ben oui, parce qu'elles me voyaient avec ça au-dessus de la tête. Puis alors la position…, on a rigolé. On était jeunes. C'est vrai qu'on ne voit pas le danger. Je sais que ça serait maintenant, je sais pas si je le ferais. Parce que maintenant, je trouve qu'il y a plus de gens qui dénoncent des choses. C'est plus pareil.

Même quand on en reparle avec certaines amies aujourd'hui on dit : « Tu te rappelles, ta table de cuisine, elle en a vu des culs. » *(Rires.)*

GINETTE

LE MLAC, CHOISIR LA CAUSE DES FEMMES

Née en 1950 en Loire-Atlantique, 74 ans

Ce que racontent les femmes à travers l'image qu'elles ont gardée des avorteuses est aussi l'histoire des méthodes d'avortement, qui changent au gré des avancées et des découvertes, comme tout acte médical. La « faiseuse d'anges » au sens classique, cette personne non-médecin pratiquant clandestinement l'avortement dans son appartement en échange d'une somme d'argent, utilise alors le plus souvent la méthode de l'aiguille introduite dans le col de l'utérus. À la suite de ce premier acte, la femme avorte soit spontanément, soit par curetage – ce second acte étant pratiqué à l'hôpital, sous le prétexte d'une fausse couche. Mais en 1970-1972 arrive des États-Unis une nouvelle méthode, appelée méthode Karman, qui va bouleverser les façons de faire. La faiseuse d'anges tend à laisser place à des étudiants en médecine ou des jeunes médecins qui, grâce à cette méthode, organisent de véritables pôles de consultations médicales. La création concomitante d'associations comme le MLAC[1] *ou Choisir*[2]*, qui, elles, se saisissent de l'organisation pratique et du*

1. Mouvement pour la liberté de l'avortement et de la contraception, créé en 1973 dans le but de légaliser l'IVG en France.

2. L'association Choisir la cause des femmes est créée en juillet 1971 par Gisèle Halimi (avocate), Simone de Beauvoir (philosophe, écrivaine et première présidente de l'association), Jean Rostand (académicien), Christiane Rochefort (romancière) et Jacques Monod (prix Nobel de médecine). Ses objectifs initiaux sont : l'éducation sexuelle et la contraception libre et gratuite ; l'abrogation de la loi répressive de 1920, qui condamne l'avortement ; la défense gratuite des femmes poursuivies pour avortement. En 1972, Choisir prend en charge le célèbre procès de Bobigny. Dès 1974, les objectifs de Choisir s'étendent au statut général de la femme dans la société.

soutien aux femmes, fait apparaître une nouvelle typologie d'avortement clandestin. Alors, la découverte médicale et technique s'articule à un nouvel engagement politique, pour que l'avortement ne soit plus un moment d'isolement, de honte, et de solitude – quand bien même il demeure clandestin. Ginette, jeune étudiante en médecine au moment de Mai 68, nous raconte.

J'ai le souvenir qu'on était dans les locaux de l'UNEF et du Crous qu'on avait envahis en 1968. Et puis, il y a une fille qui avait ouvert les placards du Crous. Et alors, elle a trouvé le stock de pilules du Planning qui tenait des permanences. Et elle disait : « Les filles, les filles, j'ai trouvé les pilules ! » Je vivais avec un gars qui était étudiant en médecine. On animait ce qu'on appelait le Comité de lutte médecine, qui était donc la suite des événements de 1968. Et puis, plus largement, il y avait le Comité d'action santé qui intégrait les infirmières et puis des gens du secteur social. Et on se réunissait. On faisait des réunions chez moi, en particulier avec les copines infirmières qui ont été actives dans la pratique des IVG avant la loi.

Les filles trouvaient notre adresse. Mais nous on était assez connus, par le biais de notre militantisme. Parce que le milieu, avant la structuration, ça a été le mouvement Choisir sur Nantes. C'est vrai que c'était raide. Le CHU de Nantes était tenu par un ignoble personnage, c'était dramatique. Mais c'était pas une situation exceptionnelle. C'était partout en France. Les femmes qui se retrouvaient là-bas pour des curetages, elles étaient injuriées. Et le mec, le professeur Lerat, avait aussi une sage-femme en chef qui était vraiment terrible. Il avait signé avec plein de professeurs d'université, particulièrement les gynéco-obstétriciens, en 1973, une lettre envoyée à la reine d'Angleterre pour protester contre le fait que les Français envoyaient des femmes se faire avorter en Angleterre et que les Anglais tuaient des petits Français. C'est ça la teneur de cette missive. C'est dramatiquement ridicule.

Comme ma mère était présidente de Choisir Sud-Loire, j'ai rejoint l'association spontanément. Moi, je ne suis pas de celles qui ont fait le plus d'interruptions de grossesse. J'en ai fait. Je les ai faites avec des copines infirmières, celles que je connaissais depuis 1968. C'était organisé avec un volet public et puis un volet clandestin. Mais le tam-tam marchait avec une vitesse folle. Une femme enceinte qui voulait avorter, je peux vous dire qu'elle brassait, et qu'elle trouvait. C'était fou.

Il y avait d'abord des entretiens contacts qui se faisaient dans une librairie, une librairie militante qui s'appelait la librairie 71. Dans l'arrière-salle de la librairie, les femmes venaient, elles étaient questionnées, elles voyaient des étudiants en médecine, qui étaient plus âgés que moi, donc qui avaient de la pratique. Ensuite, les femmes étaient soit envoyées en Angleterre, soit en Hollande. Donc regroupées pour qu'elles ne soient pas toutes seules, qu'elles soient épaulées.

Ou bien, si elles étaient encore dans les dates possibles, elles restaient et on le faisait sur place. Et là aussi, c'était par petits lots de trois ou quatre personnes et on choisissait l'une d'entre elles pour sa capacité à pouvoir accueillir concrètement avec une table assez grande et puis un appartement suffisant pour que ça se passe d'un côté et que les autres femmes attendent leur tour d'un autre côté, autour de petits gâteaux et de thé. Et nous on arrivait, il y avait cette table, c'était souvent la cuisine, pour avoir des tables longues. Et on était un équipement en équipage. On avait la personne qui allait faire l'aspiration, une autre aussi qui aidait. Et puis souvent, c'était un mec qui était à la pompe, la pompe à vélo. C'est-à-dire que certains avaient démonté les pompes à vélo et les avaient remontées à l'envers, de façon à faire une pompe, non pas pour comprimer, mais pour aspirer. Donc ça faisait les pompes aspirantes, qui étaient branchées sur des bocaux : premier bocal pour faire le vide, deuxième bocal pour recueillir les matériaux qu'on aspirait, pour pas qu'il y ait de problèmes d'asepsie. Et donc, quand on aspirait, il fallait qu'il y ait une aspiration suffisamment forte. Il y avait un manomètre. Et je me souviens : « Pompe, pompe », on disait, « Vas-y, pompe, pompe. » Et les gars, ils étaient là, ils agitaient, *clic, clic, clic*, les pompes pour faire l'aspiration.

Et puis on était équipés avec, la grande nouveauté, les sondes Karman, les sondes d'aspiration Karman[1]. Le problème, c'est que pour faire la jonction entre le bout de la sonde, qui avait une espèce de petit embout un peu dur, et puis nous, notre matériel d'aspiration, c'étaient pas les mêmes diamètres. On pouvait pas faire la jonction. Il y

1. Harvey Karman, psychologue et militant pour la liberté de l'avortement en Californie depuis les années 1950, est le promoteur d'une nouvelle méthode pour pratiquer les avortements dans les six à huit premières semaines de la grossesse. Par opposition au curetage, alors généralement utilisé, cette méthode est relativement simple et ne demande pas d'anesthésie, elle consiste à aspirer le contenu de l'utérus à l'aide d'une canule et d'une seringue, facilement stérilisables et peu chères. Voir Bibia Pavard, *op. cit.*, p. 164.

avait un gars qui était prof. Il était très actif avec sa femme. Et alors, il était prof de techno dans le lycée technique. Il avait fait tourner des petites pièces intermédiaires en cuivre par ses élèves, qui avaient le diamètre d'un côté de la sonde et de l'autre côté de notre matos à nous. Et donc ça faisait la pièce de jonction étanche. C'était le genre de trucs qu'il fallait imaginer. C'était vraiment du bricolage. Oui, c'était la démerde.

La technique, l'innovation, c'était Karman. C'était l'aspiration. Parce qu'avant, c'étaient des curetages à vif. *(Silence.)* Donc c'était ça, l'innovation. Donc ça n'a pas évolué en soi pendant le temps de la bagarre jusqu'à la légalisation. Après, il y a eu possibilité d'introduire les anesthésies locales, les anesthésies générales autour de l'acte. Puis après, il y a eu les interruptions de grossesse médicamenteuses. Mais tout ça, ça a été beaucoup, beaucoup plus tard. Donc Karman, ça a été l'acte, l'outil qui a été la véritable possibilité de faire des interruptions de grossesse techniquement et médicalement propres.

On était dans les quartiers populaires. Moi, j'ai des souvenirs de femmes ouvrières. On allait dans les ZUP. Parce que je pense que les femmes de la bourgeoisie, elles avaient beaucoup plus de moyens. Là, donc, c'étaient celles qui n'avaient pas de moyens qui étaient là. Moi, c'est surtout le souvenir des femmes des milieux populaires, ce qui était encore plus motivant. Parce qu'elles, on voyait bien qu'elles n'avaient pas le choix, en fait, vraiment pas le choix.

La contraception était pas encore très répandue. Donc ces femmes avaient des enfants tant qu'elles étaient pas ménopausées. Donc non, il y avait tous les âges, vraiment tous les âges. Elles ne pouvaient pas, elles ne voulaient pas, point barre.

Dans l'équipe, c'étaient surtout des gens issus du milieu de la santé. Et après, ceux qui faisaient le soutien sans être professionnels de santé, ils s'occupaient des voyages à l'étranger ou des contacts à la librairie. C'était ce soutien logistique-là. Et puis, ils étaient aussi ceux qui pouvaient apparaître publiquement pour défendre l'accès à la liberté d'avorter. J'ai souvenir aussi, pendant toute la période, mais avant la constitution du mouvement Choisir, dans ce petit comité de lutte médecine qu'on était, je sais pas combien on était, une petite quinzaine d'étudiants en médecine, il y avait une fille, je sais pas du tout ce qu'elle est devenue, à toutes les deux, on avait répertorié tous les moyens d'avorter les plus affreux possible que les femmes utilisaient et on en avait fait un polycopié. On avait fait la synthèse et le catalogue de tout ce avec quoi les femmes pouvaient se martyriser pour arrêter une grossesse. J'ai souvenir, c'était affreux, c'était terrible. Les aiguilles, le persil, les métaux lourds, les cachets de permanganate qui trouaient tout. Mais c'était ça, c'était vraiment ça, la réalité. Et donc c'est vrai que, une fois qu'on avait fait le tour, c'est vrai que quand le mouvement s'est créé, c'était tellement évident qu'il fallait que ça s'arrête, ça, fallait que ça s'arrête.

Alors c'était dans les études de médecine, ça a pas duré si longtemps que cela, ça a pas duré des années. Ça a duré quelques mois, on va dire. Je sais pas dater chronologiquement. Moi, je me disais, si je me fais prendre, c'est fini. Je ne serai pas médecin parce que je serai forcément interdite. J'étais en fac, voilà. Je savais que c'était ça, que je mettais ça en jeu. Ça, c'est certain. J'en ai un souvenir très, très clair. Mais comment dire ? C'est pas l'histoire du prix à payer, mais moi, j'ai vraiment été élevée dans l'obligation morale. Il fallait y aller. Bon, on y va.

Chapitre 5

Le corps médical et les violences obstétricales

« Il va de soi que nous n'avons pas comme les autres êtres humains le droit de disposer de notre corps. Pourtant notre ventre nous appartient. »

Manifeste des 343

« Enfin, pour donner plus de sécurité à la femme, l'intervention ne sera permise qu'en milieu hospitalier, public ou privé. [...] Il sera mis fin à des pratiques qui ne pourront plus être tolérées dès lors que les femmes auront la possibilité de recourir légalement à des interventions accomplies dans de réelles conditions de sécurité. »

Simone Veil

Le Code pénal de 1810 prévoit à l'article 317 la répression de l'avortée et de ses avorteurs : « Quiconque par aliments, médicaments, breuvages, violences ou par tout autre moyen, aura procuré l'avortement d'une femme enceinte, qu'elle y ait consenti ou non, sera puni de réclusion[1] ». Outre la répression, outre même la présence glaçante de l'idée d'une interruption de la grossesse par la violence, il est étonnant de trouver dès 1810 le terme de consentement. Il est ici nommé pour être écarté, et même bafoué : que la femme consente ou non, ce n'est pas la question, et cela semble ne constituer aucune différence. Jusqu'où ce mépris de la liberté de la femme dans le processus d'avortement peut-il conduire ? Les femmes qui témoignent dans la collecte le donnent presque toutes à entendre : une femme qui souhaite interrompre sa grossesse est toujours dans une forme d'urgence et de détresse, mais sa situation économique, culturelle et sociale peut renforcer cette vulnérabilité face aux praticiens et praticiennes auxquels elle est contrainte de confier son avortement – son corps de femme. Si on peut, on part à l'étranger et on reste alors dans le cadre d'une clinique. Si on ne peut pas, on sort du cadre. Mais ce cadre-là, dont les frontières sont rendues floues par la clandestinité, est-il garant de plus de sécurité pour la femme ? C'est ce que l'on peut

1. J.-Y. Le Naour, C. Valenti, *Histoire de l'avortement*, Seuil, p. 13.

croire. Pourtant, la conséquence terrible et implacable de cette triple soumission (physique, sociale, médicale) est que l'avortement clandestin, à l'intérieur ou aux marges du milieu médical, peut devenir un lieu où le consentement est rayé, un lieu de violences gynécologiques.

Le concept de violences gynécologiques n'existe pas lorsque nos témoins avortent : elles n'en ont pas conscience, ne se le formulent généralement pas en ces termes. Apparue dans l'espace public en 2014 en France suite à la diffusion de témoignages de femmes, sous le hashtag « Paye ton utérus », d'abord au sujet de leur suivi de grossesse et de leur accouchement, puis de leur suivi gynécologique simple, la notion de « violences gynécologiques et obstétricales » est devenue une réalité à documenter et à combattre[1]. On peut aujourd'hui se demander comment la clandestinité a permis,

1. Une collection de témoignages a été recueillie en 2015 dans l'émission « Sur les docks » pour *France Culture*, intitulée « Maltraitance gynécologique ». Un rapport a été commandé et publié par le Haut Conseil sur l'égalité entre les femmes et les hommes sur la question en juin 2018, « Actes sexistes durant le suivi gynécologique et obstétrical : reconnaître et mettre fin à des violences longtemps ignorées », consultable en ligne : https://www.haut-conseil-egalite.gouv.fr/IMG/pdf/hce_les_actes_sexistes_durant_le_suivi_gynecologique_et_obstetrical_20180629.pdf

parfois autorisé voire démultiplié ce phénomène. Quand le corps de la femme était soumis à l'autre, sans règles ni surveillance ni cadre, la femme était vulnérable à toute forme de violence. Et parfois, même dans le cadre hospitalier, où étaient pratiqués les curetages et traitées les hémorragies, elle y était de fait soumise, sans possibilité d'y échapper. La collecte lève le voile sur la radicale violence de cette soumission à l'intérieur de la soumission, on y entend plusieurs histoires de viols et de violences, de traumatismes. Mais on y entend aussi la parole rare d'un homme médecin qui recevait, soignait et avortait respectueusement les patientes.

MICHELLE P.
UN ATTOUCHEMENT SEXUEL EN ANGLETERRE

Après une visite chez une faiseuse d'anges irresponsable, qui la laisse sans consignes ni nouvelles, comme elle nous le racontait dans le chapitre précédent, Michelle P. se rend compte qu'elle est encore enceinte et décide de partir pour un avortement médicalisé en Angleterre.

J'étais enceinte de quatre mois quand on m'a avortée la deuxième fois. Il fallait que j'y aille rapidement.

C'est une amie qui me dit : « Ça existe en Angleterre, c'est autorisé. » Je savais que l'avortement était autorisé, mais je ne savais pas que nous, Françaises, on pouvait aller là-bas pour ça. Comme on était mineures, il fallait une autorisation parentale et il fallait, je ne sais plus, une carte d'identité, à l'époque. Donc autorisation parentale : moi, pas trop dur parce qu'étant dans une école d'hôtesses de l'air, je mens à mes parents et j'appelle ma mère en lui disant : « Il faut que papa me fasse une autorisation parentale pour quitter le territoire. » J'avais 17 ans et demi, pas tout à fait 18 ans, mais de toute façon on était majeur à 21 ans à l'époque. Donc ma mère : « Oui, on te l'envoie tout de suite, pas de problème. Ah bien ! Tu vas passer en Angleterre, à Londres, ça va être formidable ! » Et je m'en sors comme ça. Je reçois les papiers. Je pars. La clinique, c'est la gynéco française qui me donne le nom. Elle me dit : « Vous téléphonez. Vous n'en parlez à personne. Vous pouvez pas rester comme ça. De toute façon, on vous a enlevé quelque chose, vous saignez. Vous allez avoir des hémorragies. » Elle me met la pression : « Vous risquez d'avoir une infection et de ne plus pouvoir avoir d'enfants. » Elle m'explique tout bien : une femme du métier, gentille, qui m'explique bien. Je téléphone, je demande le prix, mais je n'avais pas l'argent, forcément. Ça correspondait à peu près à 400 euros de maintenant.

Personne ne sait, je ne dis rien. On ne parlait pas de ça, parce qu'on avait peur en fait, on avait honte. C'est le mot. C'est comme ces filles, quand elles se font violer, on le dit maintenant, elles ne veulent pas en parler. Mais moi, c'était une honte de tomber enceinte comme ça. J'avais vraiment compris la méthode Ogino, j'étais persuadée que je n'allais pas tomber enceinte. En plus, je n'avais pas tant que ça de rapports sexuels. Ce n'était pas de chance. C'était vraiment quelque chose pour moi qui n'était pas normal, qui m'arrivait. Mais j'avais beaucoup de force. Je sais que j'ai toujours eu beaucoup de force à cet âge-là aussi. Voilà, je décide de partir à Londres.

Alors j'appelle le copain de mon mari, un ami qui est resté longtemps mon ami, qui travaillait aussi avec le premier dans la même entreprise. Ils travaillaient chez Dassault. Ils avaient des métiers, l'un contremaître, l'autre ajusteur, je ne sais pas quoi. Enfin, des petits métiers, mais ils gagnaient leur vie quand même. En plus, chez Dassault. Le week-end, on allait à Saint-Germain boire un pot, toujours au même bar. On mangeait tous ensemble. Il y avait quand même de l'argent, un peu d'argent.

Bon, mon copain de l'époque était un Kabyle, aîné de onze enfants. Je ne voulais pas lui demander de l'argent. Je savais qu'il vivait dans un HLM avec des vitres cassées et je ne voulais pas demander de l'argent à ce garçon que j'aimais et qui n'en avait pas, qui donnait tout à sa famille. Donc c'est son copain qui vient m'aider et qui me dit : « Je te prête l'argent. » C'est marrant, j'en parle plus à des garçons qu'à des filles de cette histoire. Il me dit : « Tu me rembourseras quand tu pourras. » J'ai dit : « OK, je vais faire des remplacements au Monoprix de la rue de Rennes dès que je reviens de l'opération. »

J'ai dû prendre un train de Paris, et après, je sais que j'ai pris un taxi pour aller à la clinique. Je parlais bien anglais à l'époque. Il fallait arriver la veille. Dans une salle d'attente, il y avait plein de jeunes filles, 15 ans, 16 ans, toutes accompagnées de leurs mamans. Il y en avait trois, je me rappellerai toujours de ces visages, trois filles avec des mamans, mais qui devaient avoir 15 ans, et qui avaient un accent plutôt de l'Est. La Tchécoslovaquie existait encore, et dans mon esprit, elles venaient de là. J'ai dit : « Tiens, elles aussi, elles viennent en Angleterre. Elles viennent à Londres pour se faire avorter. » On était quatre ou cinq dans la salle d'attente.

Arrive mon tour, et je vois un gynécologue : « Voilà, je suis le médecin qui va vous opérer demain. » Bon. Donc moi, j'ai 17 ans et demi. Le monsieur a 50 ans à peu près. Je ne le vois pas vieux, mais je ne le vois pas très jeune. Il m'ausculte. C'est jamais très agréable, on vous écarte les jambes, etc. Il commence à me toucher, et puis il commence à mettre les doigts forcément dans le vagin, l'utérus et tout. Et je vois qu'il insiste, qu'il insiste, qu'il insiste et qu'il va vers le point G et qu'il essaye de me faire jouir. Je réalise quand même, là. Je n'avais jamais eu d'orgasme de ma vie, mais je savais qu'il y avait un point G qui faisait déclencher les choses. Je vois qu'il insiste, qu'il insiste, qu'il insiste. Je ne sais pas si on peut appeler ça viol, mais attouchement sexuel.

Et là, je réagis. Je crois que je le traite de tout en anglais, je lui demande de m'enlever vite les trucs des pieds, je lui dis : « Arrêtez tout, lâchez-moi, je veux plus vous voir ! » Je ne me mets pas à pleurer, mais je lui dis vraiment des mots pas beaux. Je réagis surtout très vite. Je suis contente de réagir parce que ça, c'est dur. C'est une période qui m'a marquée. Il arrête tout. Il s'arrête. Il ne s'excuse pas. Il me dit : « Qu'est-ce qu'il y a ? » Il me fait les papiers pour le lendemain.

Et le lendemain, la trouille de ma vie. J'arrive dans le bloc opératoire. Je ne le vois toujours pas. Au moment de m'endormir, je le vois. Il arrive. Je reconnais ses yeux. Il avait le masque, forcément. Il y avait l'anesthésiste qui était là. On m'explique qu'on allait m'endormir et que l'intervention allait durer à peu près une demi-heure, qu'on allait me faire une anesthésie générale. Là, je reconnais que j'ai fait des prières. Je regardais les yeux au ciel, je priais Dieu, et je disais : « Aidez-moi, aidez-moi, parce qu'il faut que l'opération réussisse, je veux avoir d'autres enfants, je ne veux pas qu'ils m'enlèvent les trompes. » Je ne sais pas pourquoi, j'ai paniqué. J'ai cru que, comme je n'avais pas cédé à ses avances, il n'allait pas m'opérer correctement. Ça aurait été facile pour lui, même s'il y a des infirmières à côté, de dire : « J'ai fait une erreur, je vais couper les trompes. »

Là, je reconnais que j'ai peur, j'ai très, très peur. Ça a été une des grosses peurs de ma vie. C'est qu'on me fasse, pas qu'on me fasse mal, mais que je ne me réveille pas, ou que je meure, ou qu'il m'arrive quelque chose.

Finalement tout se passe bien, et une infirmière vient me dire que tout va bien, que je vais dans la salle de réveil, et qu'ensuite je pourrai repartir. Donc je pars le soir, l'avortement s'est bien passé, je rentre. J'avais demandé à mon copain de venir, il ne vient pas. J'étais triste, quand même. Ce soir-là, toute seule, je rentre toute seule. Je monte mes cinq étages, je viens de me faire avorter. C'est dur. Il vient le lendemain. « Non, je peux pas ce soir, je viens le lendemain. » Je lui pardonnais tout le temps, parce qu'il s'occupait beaucoup de ses frères et sœurs, grande famille... Compliqué, aussi. Mais quand même, là, je lui en veux de ne pas être là. Voilà, je reprends une vie normale, je retourne en cours, je fais ces extras au Monoprix pendant trois mois, je rembourse l'ami qui m'avait prêté l'argent.

Mais ce retour est triste, quand même. J'ai des souvenirs de grande mélancolie. Mais, comme toujours, quand on a des moments de tristesse et de mélancolie dans la vie, je suis persuadée de ça, c'est comme quand vous écoutez une chanson qui vous plombe, vous y allez, vous y allez dedans, vous pleurez un bon coup, mais après, il faut remonter. Il ne faut pas rester au bas du trou, sinon c'est terrible, vous êtes tout le temps dans la mélancolie. Moi, je le suis souvent, on ne dirait pas, mais si je ne remonte pas, je reste dans un puits. Voyez, j'ai envie de pleurer, rien que d'en parler. J'écoute ces chansons-là, je descends, mais tout d'un coup, je ne sais pas pourquoi, j'ai cette force intérieure, je me dis : « Mais Michelle, tu es en train de tomber, là ! C'est pas possible, tu vas pas te lamenter sur ton sort, il y a des choses plus graves. » J'imagine tout le temps que je tombe dans un puits, et j'ai toujours le symbole de la corde qui vient me sauver. Comme j'aimais bien la corde lisse à l'école, je la remonte. C'est comme quand je vais sous l'eau et que je remonte, ça me fait pareil.

ANNE-MARIE

« IL FAUT QU'ELLE COMPRENNE CE QU'ELLE A FAIT »

Née en 1953 en Gironde, 71 ans

Anne-Marie est à la retraite mais elle était professeure de danse, et cela se voit à l'image, dans son port de tête et la concentration de son regard. Née en Gironde dans une famille plutôt bourgeoise, la jeune femme subit un viol pendant son sommeil. Elle a 16 ans et participe à une fête avec d'autres lycéens, qui la font boire. De l'acte, elle ne garde aucun souvenir. Mais un mois et demi plus tard, elle se rend compte qu'elle est enceinte, ce qui la conduit à avorter en deux temps : d'abord auprès d'une faiseuse d'anges dont elle garde un souvenir très positif, puis l'hémorragie, et l'hôpital – qui va constituer un nouveau trauma.

Est-ce que la personne qui va m'avorter est une infirmière ? Je ne sais pas. C'est une personne assez extraordinaire, une dame d'une grande bonté. Mais, souvenir affreux, ça se passe sur une table de cuisine. La table de la cuisine. Et c'est une nappe cirée. *(Pleurs.)* Je ne peux plus de ma vie avoir une nappe cirée. Je n'ai que des nappes en tissu parce que ça, c'est impossible pour moi. Mais je ne souffre pas. Elle fait ce qu'il faut. Elle est vraiment extrêmement attentionnée. C'est avec ma maman. Et ce qu'on me met, c'est un morceau, vous savez, des gaines de frein, des vélos, sans la gaine à l'intérieur. Donc c'est relativement mou, mais en même temps c'est relativement solide pour ne pas se plier ou ne pas se dégrader. Mais je me dis : « C'est quand même incroyable que ce soit finalement un outil qu'utilise mon père tous les jours lorsqu'il répare ses vélos au magasin, que ce soit ça qui m'avorte. »

Là, je ne sais pas trop ce qui se passe et je vais avoir un réveil en pleine nuit. Je fais une hémorragie. Il doit être 4 heures du matin, je pense, c'est une heure à laquelle je me réveille régulièrement, encore aujourd'hui. Je suis en sang et je suis évidemment avec ce truc encore dans l'utérus. Et je souffre atrocement surtout. Donc mes parents appellent le médecin, à l'époque ils se déplaçaient encore la nuit. Et quand le médecin arrive, mes parents ne lui disent pas. Il me demande ce qui se passe. Et je lui dis que j'ai très mal au ventre, donc il soulève le drap et il voit. Il enlève ce « tuyau », je ne sais pas comment on l'appelle, et dit à mes parents que je fais potentiellement une infection et que ça peut être grave. Mais qu'il faudra aller en clinique, et payer. Et mes parents ont les possibilités financières, c'est ça qui va me sauver aussi certainement. Ils me font transporter en ambulance dans une clinique privée, dans une petite ville à côté de la nôtre.

Et le pire en fait, c'est ce qui s'est passé après. C'est quelque chose de monstrueux. Quand on parle de violences gynécologiques, là je peux vous donner un exemple vraiment terrible. Le chirurgien qui s'occupe de moi doit me mettre quelque chose qui va dilater l'utérus. Alors je sais pas si je me trompe ou pas, je n'ai pas fait de recherches. Dans mon souvenir, c'est une espèce d'algue, qui s'appellerait un laminaire, qui, au contact de l'humidité et de la chaleur, va grossir et donc permettre l'ouverture de façon à faire le curetage. Et il ne m'endort pas pour me le mettre. Et donc je me revois sur cette table avec les mains d'un assistant. Est-ce que c'est un infirmier, est-ce que… ? Je sais pas. Il ne s'est pas présenté. Et je le vois au-dessus de ma tête, le chirurgien en face qui essaie de mettre ce qu'il veut mettre. C'est tellement douloureux que je recule sans arrêt. Et l'assistant à qui je tiens les mains, à qui j'implore avec mes yeux larmoyants, c'est lui qui lui dit : « Mais pourquoi vous ne l'endormez pas ? » Et le chirurgien répond : « Il faut qu'elle comprenne ce qu'elle a fait. »

C'est monstrueux parce qu'il ne sait pas que j'ai été violée et que c'est comme ça que je suis tombée enceinte. Il ne sait pas si finalement je suis d'accord avec l'avortement qu'on est en train de me faire. Il ne sait rien de moi. Mais ça ne l'empêche pas de me faire subir une autre violence. Comme si le fait de me faire souffrir atrocement allait m'empêcher éventuellement dans ma vie d'avoir d'autres relations et des relations positives et amoureuses. C'est monstrueux de sa part. Et je lui en veux beaucoup, encore. Je ne vais pas faire de recherches pour le retrouver parce que je pense qu'il ne doit plus exister. Enfin je suppose.

Le souvenir que j'ai c'est au moment où je sors de la clinique : il me reçoit pour… me faire la morale. Il me dit : « Je veux plus vous revoir. » Mais méchamment en plus. C'était vraiment une gamine de 16 ans, et vous n'avez même pas de parole réconfortante qui pourrait amener des explications, qui pourrait être pleine d'humanité tout simplement. Vous avez fait votre boulot. Merci, c'est bien. Mais est-ce que vous pouvez pas avoir d'autres paroles ?

JEAN-LOUIS
LA PAROLE D'UN HOMME MÉDECIN

Né en 1946 en Algérie, 78 ans

Issu d'un milieu catholique et bourgeois français, Jean-Louis est arrivé d'Algérie à Paris avec sa famille à l'âge de 6 mois. Après son bac, il choisit la médecine. Devenu externe à l'hôpital Lariboisière, dans le 10ᵉ arrondissement de Paris, il doit faire face aux curetages qui suivent les avortements clandestins, en particulier ceux, extrêmement nombreux, des prostituées du quartier.

Je me suis retrouvé externe en chirurgie à l'hôpital Lariboisière, service du professeur Perrotin, qui était un très bon service. D'ailleurs, Lariboisière était un hôpital assez coté déjà. En dehors du fait qu'il fallait quand même de temps en temps aller au bloc opératoire pour aider les chirurgiens, leur passer des instruments ou les aider dans certaines tâches, l'essentiel du travail, c'était de faire les dossiers de malades, de les examiner, de suivre la visite, de discuter avec l'encadrement, etc. Et on avait, une ou deux fois par semaine, une garde de nuit. Donc ça a été mon premier contact avec la pratique de la médecine et l'examen des patients. J'ai commencé comme ça. Et j'avais donc 19 ans.

Dans les gardes de nuit, là, ça a été quand même assez déroutant pour moi, parce que j'ai découvert l'ambiance du quartier de Barbès qui transparaissait dans les gardes de l'hôpital Lariboisière, qui n'étaient pas du tout les mêmes que celles de l'hôpital Cochin, dans le 6e arrondissement. Ça a été très particulier : une animation invraisemblable. C'étaient des gardes où, d'abord, on ne fermait pas l'œil, on était debout toute la nuit. L'ambiance était à la fois très dynamique et très déroutante par la gravité de certaines choses. Dont ce dont on va parler, les fausses couches. Mais il y avait aussi les coups de feu, il y avait déjà la drogue, enfin Lariboisière, c'est spécial, c'est quand même un des hôpitaux probablement placés dans la zone la plus difficile, comme peut-être l'hôpital de Saint-Denis, j'imagine. Donc moi, j'ai découvert ça brutalement.

Mes parents étaient un peu terrorisés à l'idée que je travaille à Barbès, parce qu'ils avaient peur que je me fasse entraîner par des gens de mauvaise vie, etc. Mais moi, ça, ça ne me gênait pas du tout.

Mais je ne m'attendais pas à avoir cette population que je ne connaissais pas, hommes et femmes confondus, avec des violences quand même très apparentes. Je crois que je ne savais pas grand-chose au départ sur l'avortement, et je n'ai pas souvenir, mais peut-être que c'est un défaut de mémoire, d'avoir abordé ce sujet dans mes études. Et puis en fait, ça ne méritait pas probablement des semaines de formation parce que c'était ultra simple. C'était ultra simple puisque c'étaient des femmes qui, ayant effectué des manœuvres abortives avant, ou pas, parce qu'on ne le savait pas, arrivaient à l'hôpital en détresse. Donc je ne sais pas si ça s'enseigne, mais en tout cas, sur le tas, on apprend très, très vite. C'est toujours les mêmes situations qui se répètent avec quelques variantes, mais très rapidement j'ai vu que c'était la routine toutes les nuits à Lariboisière.

Mon premier souvenir, c'est que d'abord c'était l'urgence numéro un la nuit, la plus fréquente. Alors je ne suis pas tout à fait sûr des chiffres, mais je dirais qu'il n'y en avait jamais zéro, et que ça allait de un à cinq par nuit en moyenne. Ces femmes qui arrivaient en ayant soit elles-mêmes, soit par l'intermédiaire de ce qu'on a appelé les « faiseuses d'anges », subi des manœuvres abortives, en général mécaniques – ça, je l'ai très rapidement compris parce que ce n'était pas très varié. C'étaient des aiguilles à tricoter, c'étaient des queues de persil, c'était de l'eau de Javel, des trucs comme ça, c'était à peu près tout. Elles faisaient toutes la même chose, se faisaient faire la même chose, et arrivaient soit avec des hémorragies qui étaient apparentes, donc là on savait que c'était parti, que la grossesse ne continuerait pas, soit sans hémorragie, parce qu'on n'était jamais sûrs, je m'en suis rendu compte assez vite, on n'était jamais sûrs qu'il y avait eu des manœuvres abortives. Est-ce que l'avortement était déclenché ou pas ? Voilà, donc les cas n'étaient pas identiques mais toutes ces femmes partaient au bloc opératoire. Nous, externes, on allait rarement au bloc, hormis pour aider le chirurgien. Mais là, il n'y avait besoin d'aucune aide. Donc l'interne, c'était l'interne en l'occurrence, s'occupait au bloc de réaliser ce qu'on appelait le « curetage ». De finir l'avortement qui était amorcé, et d'essayer de faire qu'il y ait le moins de dégâts possible, quand il n'y avait pas encore déjà des blessures. Donc moi, je voyais l'interne qui partait tout le temps au bloc pour faire un curetage.

Le type de femmes qui arrivaient ainsi était très variable. Il y avait le « tout-venant » et « les professionnelles ». Parce qu'il y avait beaucoup de prostituées autour de Lariboisière et qu'elles étaient évidemment en première ligne. Il faut voir que la contraception est quasi inexistante à cette époque, il n'y avait pas encore la pilule. Les prostituées étaient dans des situations de protection qui étaient très… on va dire, inapparentes. Donc beaucoup étaient tout le temps enceintes. Alors, il y avait une différence entre ces femmes qui n'étaient pas surprises de ce qui leur arrivait et qui avaient l'habitude, en quelque sorte, parce que ça faisait partie de leur métier d'en passer par là ; et les mères de famille, qui faisaient partie de la population générale, qui en étaient souvent à leur premier avortement, et étaient, elles, dans une situation psychologique très différente, avec toute la honte… Il fallait se cacher en plus. Le mari ne le savait pas toujours. La famille ne le savait pas forcément. Donc ça se faisait en cachette. C'était une situation beaucoup plus compliquée, je pense, que pour les prostituées, à ce niveau-là.

Toutes les femmes arrivaient comme ça, en disant que cette grossesse n'était pas possible, qu'elles avaient déjà ou pas des enfants, qu'il ne fallait surtout pas qu'il y ait cette grossesse-là. Elles étaient mal, elles n'étaient pas du tout détendues, elles étaient très mal. Donc évidemment, une partie du travail consistait à les accompagner le plus gentiment possible pour qu'elles ne sentent pas que le corps soignant était mécontent ou leur faisait des reproches. Évidemment, il n'y avait aucun jugement de la part de personne.

Elles étaient mises dans un box, comme actuellement les box des urgences. Et elles attendaient alors beaucoup moins longtemps qu'aujourd'hui, parce qu'à cette époque-là, on soignait les gens à toute vitesse. Il n'y avait pas, paradoxalement, ce que je vois aujourd'hui, c'est une catastrophe. J'espère que ce n'est pas comme ça pour toutes les natures d'urgence. De toute façon, il n'y a plus d'avortements clandestins, donc ça n'existe plus. Mais elles étaient prises en charge dans les deux heures qui suivaient. Elles passaient au bloc, on attendait éventuellement qu'elles soient à jeun, parce que ce n'était pas toujours le cas. Et d'ailleurs, elles n'avaient pas toujours une anesthésie générale, parce qu'il fallait encore que l'anesthésiste soit disponible. Donc il y a certainement eu, je ne connais pas la proportion, mais beaucoup de ce qu'on appelait les « révisions utérines », curetages, qui se sont faits peut-être à vif… Et ça, c'est horrible ! Mais la plupart du temps, elles avaient quand même une sédation au bloc opératoire, pour que ce soit fait le plus correctement possible.

Je dirais que la plupart avaient entre 20 et 40 ans. C'était une population qui était en âge de procréer. Les gens n'avaient pas de rapports sexuels très fréquemment avant l'âge de 20 ans, sauf peut-être dans les milieux les plus défavorisés, et puis il y avait beaucoup, beaucoup de mères de famille. À mon avis, c'était de très loin la population dominante, qui ne savait pas comment ne pas continuer à avoir des enfants. Parce que la méthode Ogino ne marchait pas du tout. Et donc, il n'y avait pas d'autre méthode, pratiquement, de contraception.

Je n'ai pas souvenir qu'on ait été confrontés au problème de l'illégalité. Bon, on savait que c'était interdit, que c'était passible de prison, etc., évidemment. Mais il n'y avait pas cet aspect juridique à l'endroit où j'exerçais. Je ne sais pas ce qui se passait derrière parce qu'on ne les revoyait pas. Et donc, bizarrement, bien que ce soit strictement interdit, je n'ai jamais vu, jamais constaté pendant ces six mois – puisque moi je n'ai constaté ça que pendant six mois – que ces femmes étaient l'objet d'un problème juridique, ou qu'elles aient subi des enquêtes de police. La police, c'était plutôt avec les prostituées, mais c'était un autre aspect des choses. Il y avait quand même un secret médical qui était total de notre part, de la part de tous les soignants de l'hôpital. Et je pense que c'était admis dans la société, qu'on n'imaginait pas qu'un hôpital puisse dénoncer des femmes qui arrivaient dans ces situations.

Moi, personnellement, je n'ai jamais porté de jugement là-dessus, parce qu'être confronté de cette façon-là, avec cette population, cette double population, à ce drame, vous ôte toute envie de porter un jugement. C'est uniquement de la douleur. Donc mes valeurs catholiques, qui étaient encore très apparentes à cette époque-là, n'avaient rien à voir avec ce genre d'histoires. On soignait ces femmes et puis c'est tout, on les prenait en charge. Personne, d'ailleurs, parmi les infirmières ou les chirurgiens, personne n'avait la moindre retenue pour s'en occuper ou pour leur faire des leçons de morale. Je n'ai jamais vu ça.

Nous pratiquions un geste médical, pas véritablement un avortement puisque l'avortement était commencé. Il fallait absolument les empêcher de saigner le plus vite possible et retirer les débris placentaires. Il s'agit d'un curetage médical. Et quand l'interne était débordé, parce qu'il n'y avait pas que ça, il fallait opérer les appendicites, les péritonites, les fractures, etc., à ce moment-là, c'était nous qui nous y mettions. On avait appris à le faire. Et moi, ça ne me posait aucun problème.

Ça m'aurait posé beaucoup plus de problèmes si on m'avait demandé de faire un avortement chez une femme qui n'avait pas encore fait la moindre manœuvre. Ce n'est pas pareil de parler d'une femme qui n'a encore rien fait et qui demande un avortement clandestin. Ce que les médecins ne faisaient pas la plupart du temps, sauf peut-être cas de force majeure, mais là, c'était interdit. Par contre, une fois que les manœuvres ont commencé, vous n'avez plus aucune réserve, puisque ce n'est pas vous qui faites l'avortement. Donc c'est peut-être faux-cul quelque part, mais en tout cas c'était la réalité. Et effectivement, le chirurgien, là où il était ennuyé, c'est quand au bloc, il s'apercevait que la femme n'avait pas commencé le travail. Parce que ça arrivait. La femme disait « j'ai saigné, j'ai saigné », elle ne saignait plus forcément. On l'emmène au bloc, le col est fermé, il n'y a rien. Moi, je n'ai pas eu ce cas de conscience, mais là, je pense qu'effectivement, ça pouvait être compliqué, je ne sais pas comment les internes réagissaient. Ce n'était pas facile de dire : « Est-ce que je commence ou est-ce que je lui dis de rentrer chez elle et de recommencer ? »

Si la manœuvre abortive, qui est en général mécanique, a commencé, il y a une hémorragie et la grossesse est perdue. Donc, une fois que c'était commencé, on savait qu'il fallait, avec une curette, éliminer tous les débris placentaires. Si c'est très précoce, il n'y a pas grand-chose. C'est surtout un œuf, mais si c'est plus tardif, parce qu'il y a des femmes qui faisaient des manœuvres abortives à trois mois, quatre mois, alors là, c'est une autre paire de manches, c'est beaucoup plus grave. Parce qu'il faut enlever le fœtus, c'est ce qu'on appelle une « révision utérine ». Avec une curette, on enlève le plus de débris possible, sans voir, puisque c'est en aveugle. Et puis après, les débris qui restent, ils s'en vont tout seuls. Donc au mieux, la femme, elle arrête de saigner dans les vingt-quatre, quarante-huit heures, et puis c'est terminé.

Sur un avortement isolé, sans complications, il n'y avait pas de risque vital. Par contre, à partir du moment où il y avait une complication mécanique, une perforation, une lésion du col qui saignait beaucoup, qui menaçait éventuellement d'aller jusqu'à l'hystérectomie, évidemment. Heureusement, dans 95 %, 98 % des cas, il n'y avait pas de complications de cette nature. Mais dans les 5 % qui restent, oui, il y a des femmes qui mouraient ou qui perdaient leur utérus, bien sûr.

Les femmes qui m'ont le plus marqué ce sont les prostituées, parce qu'elles revenaient souvent. Si je me souvenais de certaines femmes, ce serait plutôt de celles-là. Parce qu'il y avait des habituées, et elles ne faisaient pas que venir se faire avorter. C'était très étrange comme ambiance. Et on connaissait aussi les flics parce qu'ils étaient toujours derrière. Je ne savais pas comment les guider ou leur donner des conseils. La plupart étaient soulagées quand elles n'avaient plus d'utérus. C'est-à-dire que l'hystérectomie, qu'elles ne pouvaient pas réclamer, parce qu'on ne pouvait pas faire des hystérectomies sur demande, mais l'hystérectomie, qui était la conséquence de blessures multiples ou de complications infectieuses, les soulageait complètement, parce qu'elles pouvaient enfin continuer à exercer leur métier sans contrainte.

Je crois que ça m'a conforté dans l'idée qu'il fallait que je fasse ce métier. Qu'il y avait vraiment des détresses qui méritaient qu'on s'en occupe tous le mieux possible.

Chapitre 6

La douleur, la souffrance

« (Il se peut qu'un tel récit provoque de l'irritation, ou de la répulsion, soit taxé de mauvais goût. D'avoir vécu une chose, quelle qu'elle soit, donne le droit imprescriptible de l'écrire. Il n'y a pas de vérité inférieure. Et si je ne vais pas au bout de la relation de cette expérience, je contribue à obscurcir la réalité des femmes et je me range du côté de la domination masculine du monde.) »

Annie Ernaux, *L'Événement*

« Je voudrais tout d'abord vous faire partager une conviction de femme – je m'excuse de le faire devant cette Assemblée presque exclusivement composée d'hommes : aucune femme ne recourt de gaieté de cœur à l'avortement. Il suffit d'écouter les femmes. C'est toujours un drame et cela restera toujours un drame. »

Simone Veil

Avorter fait mal. Dans le corps et les sensations, avorter fait mal car c'est d'abord une expérience physique, un ressenti dans le bas-ventre, une histoire de crampes, de saignements et de contractions. La plongée dans la collecte le fait ressortir de manière éclatante et terrible – rares sont les témoignages qui ne mentionnent pas la douleur ; et pourtant, nous sommes cinquante ans après. S'il est fréquent d'entendre dire que la femme est amenée à oublier la douleur de son accouchement, anesthésiée par le choc de l'arrivée d'un enfant, on apprend ici que la femme n'oublie pas la douleur de son avortement. *L'Événement*, page 51 : « ce souvenir-là dans mon corps ». D'un point de vue sémantique, la douleur est distincte de la souffrance, en ce qu'elle est plutôt du côté du corps – la douleur est une sensation et une donnée médicale, alors que la souffrance, en français en tout cas, va plutôt vers l'âme, la pénibilité psychique. La différence entre douleur et souffrance recouperait donc la distinction, classique dans notre philosophie occidentale, entre l'âme et le corps. L'avortement est un vécu qui se trouve des deux côtés. À la jointure, peut-être : au point nodal où la douleur physique est aussi et en même temps une souffrance psychique – c'est en cela une « expérience totale », qui se vit par le corps mais qui place les femmes dans une situation de souffrance plus large. L'approche anthropologique permet d'ailleurs de comprendre cette articulation : David Le Breton, qui travaille sur notre façon de vivre la douleur, insiste sur la nécessité d'approcher les deux dans le même mouvement. « La souffrance, explique-t-il, [...] va de pair avec l'impossibilité d'intégrer l'événement. Si la douleur est un ressenti pénible mais encore dans les limites de tolérance de l'individu, la souffrance est une effraction, l'invasion en soi d'un sentiment de perte[1] ».

Dominique

Née en 1949 dans la Loire, 75 ans

Dominique a grandi dans le Tarn, avec un père ingénieur aciériste très sévère et une mère au foyer. L'irruption des mouvements de jeunesse en 1968 va la conduire à s'engager, dit-elle, « contre cette morale patriarcale ». Elle découvre sa grossesse alors qu'elle est monitrice de colonie de vacances en plein été, près de Toulouse. C'est un refus total qu'elle partage avec son compagnon, Mick.

1. David Le Breton, « Entre douleur et souffrance : approche anthropologique », *L'Information psychiatrique,* vol. 85, n° 4, 2009, consultable en ligne : https://shs.cairn.info/revue-l-information-psychiatrique-2009-4-page-323?lang=fr

J'ai d'abord essayé physiquement. Comme j'étais sportive, je courais beaucoup, j'allais à la piscine, je sautais du plongeoir de 8 mètres. Je faisais tout pour essayer de m'en débarrasser physiquement. Je pensais que ça aurait été possible avec beaucoup d'activités physiques. Échec total. Donc après, l'aiguille à tricoter. Je savais qu'il fallait qu'avec l'aiguille à tricoter, j'essaye d'atteindre le col de l'utérus. Mais, en plus, je faisais ça sans miroir, sans rien, donc vraiment... C'était l'horreur, quoi. C'était l'horreur. À tâtons, comme ça, j'essayais de trouver une ouverture dans mon utérus pour pouvoir enfoncer. Donc, je m'arrêtais vraiment à la limite de la douleur insupportable. Et, puis, je ne trouvais pas cette entrée du canal, quoi. Je ne le trouvais pas. J'essayais des après-midi entières. Mais je ne suis pas allée jusqu'au geste destructeur.

Des fois je me demande si je n'avais pas été accompagnée, si Mick ne m'avait pas trouvé ensuite la faiseuse d'anges et tout ça, si je ne l'aurais pas fait. Je pense que j'y serais arrivée à le faire, au risque de ma vie. Mais, tellement le fait de pas vouloir l'enfant ! C'est plus fort que tout ! C'est plus fort que tout. C'est pour ça que j'ai eu envie de faire un témoignage, parce qu'on ne peut pas s'imaginer à quel point... Moi, je n'avais pas, en plus, de pression religieuse. Je pense qu'il y a beaucoup de femmes qui ont vécu beaucoup de culpabilité à cause de la pression religieuse. Moi, je n'avais pas ça. C'était mon corps, quoi, qui refusait la grossesse. Ce n'était pas possible. Mon corps et ma tête, tout était en refus.

Mais pendant ce temps-là, quand même, et je me rends compte de la chance que j'ai eue, Mick ne m'a pas abandonnée. Il avait une chambre, rue Bayard, à Toulouse, qui était un quartier de prostitution, et il fréquentait un café où il y avait souvent des prostituées qui venaient. Et c'est par cet intermédiaire-là, en discutant avec des prostituées, qu'il a obtenu l'adresse et les coordonnées d'une faiseuse d'anges.

La première indication, c'est une adresse. C'est le lieu exact. « Vous montez dans cet immeuble au dernier étage. Il y aura une porte sur votre gauche. Et ensuite, dans un couloir, ce sera la troisième porte. Elle sera entrouverte. Et vous venez seule. »

Et là, je ne me souviens plus trop. Je pense que la transaction financière avait été faite par Mick, parce qu'il m'a accompagnée jusqu'au pied de l'immeuble. 800 francs. C'était quand même assez conséquent. Mais ça n'avait rien à voir avec les 6 000 francs qu'il fallait pour aller en Suisse, par exemple. Parce que, de Toulouse, les femmes qui avaient les moyens allaient en Suisse, où l'avortement était autorisé. Mais 800 francs ou 6 000 francs, il n'y avait pas de... Nous, les 800 francs, on est arrivés à les avoir. 6 000 francs, non. C'était hors de notre portée.

Donc, Mick me laisse en bas de l'immeuble. Et je monte les escaliers seule. Cette montée d'escalier, où à la fois, je ne sais rien de ce qui m'attend, et en même temps, je suis complètement déterminée. Donc, je monte les trois, quatre premiers étages, et puis... l'escalier devient plus étroit, plus vétuste au fur et à mesure que je monte dans les étages, puisque je pense qu'en haut, c'étaient des greniers, voire les anciennes chambres de bonne : l'immeuble classique. Et j'enfile ce couloir, je compte les portes. La troisième, effectivement, était entrouverte. Je frappe. Personne. Donc je rentre. Et là, j'attends. C'était un peu sordide, il y avait une table avec une toile cirée, un petit vasistas qui donnait un peu de lumière, et puis une chaise à côté de la table, et puis un évier dans un coin. C'est tout, une pièce vide, pas très propre, très sombre, voilà, et j'attends.

J'attends suffisamment longtemps pour que mon cœur se mette à battre un peu fort. La peur que rien ne se passe, aussi. Puis, il y a cette dame qui entre, pas du tout chaleureuse : « Bonjour, déshabillez-vous, couchez-vous sur la table. »

Et bon, je m'exécute, et puis, elle sort un spéculum de sa poche, elle me le met dans le vagin, je pense que c'était la première fois, en plus j'avais jamais eu d'examen gynécologique, donc c'était la première fois que j'avais ce genre de pratique. Et puis elle prend quelque chose, un peu comme l'aiguille à tricoter, mais elle, elle voyait ce qu'elle faisait avec le spéculum. Et donc… Je lui demande ce que c'est, elle me dit que c'est une tige de cerfeuil, donc une matière « naturelle », un peu rigide, qu'elle arrive à enfoncer dans le col de l'utérus.

Sous la douleur, moi, je tombe dans les pommes, ce qui m'arrive souvent quand j'ai très mal. Elle me donne deux baffes pour me réveiller, un petit coup de gnôle, et elle me dit : « Bien voilà, c'est fini, vous pouvez partir. » Ça a duré, je ne sais pas moi, cinq minutes. Et je ressors. Et je redescends les escaliers. Et je vais retrouver Mick en lui disant : « Ça y est, c'est fait. » Je me sens vidée, vidée et soulagée.

Tout de suite après, avec Mick, on part dans le bassin d'Arcachon, où il a acheté un vieux petit voilier et où il y a beaucoup de réparations à faire. On a rendez-vous avec un autre couple d'amis pour passer un mois à faire des travaux sur ce bateau avant de pouvoir naviguer un peu avec. Et, comme on n'a pas beaucoup d'argent, on va s'installer en camping sauvage dans une forêt à proximité de ce petit port, dans le bassin d'Arcachon, où était le bateau. Donc, on s'installe avec nos tentes canadiennes, les petits réchauds, voilà, pour passer un mois dans cette forêt. Dans un premier temps, je suis en attente, en attente que quelque chose se passe. Je participe aux travaux sur le bateau, mais je suis un petit peu angoissée que rien ne vienne, rien ne se passe. Des petits saignements, mais rien de bien marqué. On a attendu plusieurs semaines, et toujours rien. Donc je dis à Mick : « Il faut retourner voir cette faiseuse d'anges. » Donc, il reprend contact, elle redonne un rendez-vous, là c'était moyennant 200 francs, un petit peu moins cher, et on y retourne. J'ai aucun souvenir de cette deuxième fois. Mais là, au bout de deux-trois jours, je commence à avoir de la fièvre, et puis, une fièvre qui monte, qui monte sans arrêt. Je ne suis plus capable d'aller faire les travaux sur le bateau. Donc, les copains me sortent de la tente, parce que c'est au mois d'août, il fait chaud dans le bassin d'Arcachon. Ils me sortent de la tente, ils me mettent à l'ombre avec une grande bouteille d'eau. Je ne m'alimente plus du tout non plus, parce que j'ai… Je suis épuisée, j'ai plus de 40 degrés de fièvre.

Je passe plusieurs jours comme ça, je ne sais pas combien, même Mick a du mal à s'en souvenir. D'ailleurs, il en a très honte, de cette légèreté-là. Mais comme je lui dis, moi, j'ai aucune rancœur à son égard. Je crois qu'on était dans le déni tous les deux de ce que je risquais. On ne savait pas en fait, on ne savait pas ce que je risquais. Je suis restée peut-être quatre, cinq jours comme ça. Ils partaient le matin vers 9-10 heures du matin et ils rentraient vers 5-6 heures du soir. Et moi, je restais sur mon matelas pneumatique, sous les arbres, fiévreuse et sans aucune force. Un soir, ils sont rentrés et j'étais inanimée. Donc, ça a été le réflexe et ils m'ont portée à l'hôpital. Hôpital d'Arcachon, je pense.

Quand je reprends conscience, je suis dans une salle commune de l'hôpital. C'est la nuit. J'ai très, très mal. Et je suis entourée de personnes âgées. Je pense que c'était une salle plus ou moins d'EHPAD, d'hôpital pour les vieux. Et je ne voulais pas déranger les gens. Ce que je sais, c'est que j'avais tellement mal que j'ai serré mes draps dans les dents et je tirais comme ça. J'ai déchiré les draps !

Et puis il y avait une infirmière, alors je ne sais pas si c'était une infirmière ou une gardienne de nuit, mais c'était une religieuse, parce qu'elle avait le voile, c'était une religieuse qui passait d'un air très pincé et puis qui me disait : « Vous saurez, mademoiselle, que c'est plus douloureux d'avorter que d'accoucher. » Et puis elle partait comme ça. Deux, trois fois comme ça, elle est passée. Elle voyait que je déchirais mes draps. Mais me proposer un antidouleur pour que ça passe ? Non, surtout pas. Il fallait que j'en bave. Et, à un moment donné, j'ai senti comme une envie d'aller aux toilettes très, très forte. Donc, je lui ai demandé où étaient les toilettes, je me suis vite levée, et je sentais que c'était pas dans l'anus mais que c'était dans le vagin. Je pense que c'est là que j'ai expulsé le fœtus. J'ai rien regardé, j'ai tiré la chasse d'eau, je suis partie et j'ai dormi.

Le lendemain matin, ils m'annoncent qu'on va faire un curetage, qu'on va m'endormir.

Ça a été très rapide, parce que je suis rentrée en fin d'après-midi. L'avortement a eu lieu dans la nuit. Ils m'ont sauvée, enfin, ils m'ont réveillée. Je ne sais pas ce qu'ils ont fait, mais quelque part, je ne suis pas restée sans conscience, puisque je me suis réveillée dans la nuit. L'avortement s'est passé dans la nuit, le curetage s'est passé le lendemain matin, et l'après-midi, je sortais. La seule chose qu'ils m'ont dite avant que je ressorte, c'est : « Ne soyez pas étonnée, si vous ne pouvez pas avoir d'enfants, si vous ne pouvez plus avoir d'enfants. » C'est tout ce qu'ils m'ont dit. Sans me donner d'ailleurs des raisons, simplement ça. « Ne soyez pas étonnée si vous ne pouvez plus avoir d'enfants. »

Je m'en foutais éperdument, à l'époque. Mais plus tard, j'y repenserai.

Arlette

Née en 1943 en Belgique, 81 ans

Arlette a une voix très grave, un peu enrouée par moments. Le jour du tournage, elle porte une robe habillée, colorée, ceinturée à la taille. Elle a les bras découverts, on devine des taches de rousseur. Son témoignage dure une heure vingt, il est bouleversant, elle s'interrompt souvent pour pleurer. On découvre par bribes une vie marquée par les drames, la misère sociale et une grande détresse. À 20 ans, elle tombe enceinte, croit à une histoire d'amour. En fait son petit ami l'emmène à Paris, non pas pour lui présenter ses parents, mais pour lui faire subir un avortement forcé, à six mois de grossesse, avant de la contraindre à se prostituer. Elle connaîtra en tout six avortements, avec une douleur physique et une souffrance psychique chaque fois terribles, dans le sillage du traumatisme de ce premier avortement.

J'ai plus de règles. Il m'a dit : « Ça ne fait rien. » J'avais 19 ans et demi, presque 20 ans. Lui, qui connaît, il m'a dit : « T'es enceinte. Ça fait rien. De toute façon, on va se marier, on va aller à Paris, parce qu'il faut que je te présente à mes parents. » Mais c'était du mensonge sur toute la ligne.

On est partis à Paris, mais il m'a pas présenté ses parents. On est arrivés dans une sorte d'hôtel. Il y avait son cousin, le pire de tous. Il avait réservé la chambre d'hôtel. Il y avait une femme espagnole qui était là. Quand je l'ai vue, j'ai compris qu'il y avait quelque chose qui n'allait pas.

Je lui ai dit : « Qu'est-ce qu'il se passe ? »

Je lui ai dit : « Personne ne me touche. Personne me touche ! »

J'avais compris qu'ils voulaient toucher à mon bébé. J'étais enceinte de six mois. Ils me tenaient tellement fort tous, par les mains, les pieds, que…

Le lendemain, je n'ai pas pu marcher pendant plusieurs jours. J'avais des douleurs partout. Je me débattais. Et cette Espagnole, je lui ai dit : « Je vous en supplie, madame. Ne faites pas ça à mon bébé. » Elle l'a fait quand même, saloperie. Elle l'a fait. Avec des espèces d'aiguilles qu'elle m'a enfoncées là… Avec des aiguilles qu'elle m'a enfoncées. Elle a touché le bébé.

Je lui ai dit : « Vous êtes une femme. Vous pouvez pas faire ça. Vous pouvez pas faire ça à mon bébé, c'est pas possible ! Comment vous pouvez faire ça ? » Eh ben, rien à faire, il y avait que l'argent. Il n'y avait que ça qui comptait pour ces gens-là, vous comprenez ? Mais ça a été une horreur.

J'avais mal… J'ai souffert le martyre pendant trois jours. Je me disais : « Je vais mourir… Je vais mourir… »

Et puis, un jour, après, il est arrivé (*elle accouche du fœtus*). Mon Dieu, j'ai dit : « Donnez-le-moi ! Il est vivant ? Il est vivant ? » Ils me l'ont mis sur le ventre. Ça m'a marquée toute ma vie. Il était mort. Il avait des blessures sur son dos. À cause des aiguilles. Mon Dieu. Et… Moi j'étais complètement fichue. D'un seul coup, ils le prennent, et… ils ont dit : « Il passe pas dans les toilettes… » Je sais pas ce qu'ils ont fait. Ça a été… un drame. J'avais des bleus partout parce qu'ils me tenaient, les trois hommes, comme des saloperies. Et pendant une semaine, j'ai pas pu bouger. J'ai perdu du sang et ma chair. Ça a été une expérience que je ne souhaite à personne. Personne.

Je ne connaissais personne dans Paris et il m'avait pris mon argent, j'avais même plus d'argent. Je connaissais personne, moi, là-bas. J'ai pas pu en parler, à personne, non. Mon bébé, je lui avais tricoté des barboteuses, des chaussons.

Pendant huit jours, j'ai été très mal. J'étais pas bien du tout. J'avais toujours plein de sang. Et puis après ça s'est calmé et puis j'ai recommencé à marcher. Là j'ai demandé à mon copain pourquoi il m'avait forcée à faire ça.

Il a dit : « Parce qu'il faut que tu travailles. » J'ai dit : « Et pourquoi tu ne travailles pas toi ? » « Tu vas faire comme Anita. » Anita, c'était la femme de son cousin. Et alors il m'a fait faire la marche, là-bas, à la Madeleine (*prostitution de rue*). Moi je n'étais jamais maquillée. Je me maquillais pas. J'avais mes cheveux longs, et tous les hommes ils croyaient que j'avais 15 ans. Alors vous voyez, je faisais la marche et puis je montais les clients à l'hôtel.

Je connaissais personne, j'étais coupée de tout le monde et je marchais comme ça le matin. Il y a des hommes qui m'interpellaient : « Qu'est-ce que tu fais ? » « Je vends mon corps », au début je répondais, parce que moi « prostituée » je connaissais même pas le nom. Il y a quelqu'un, un client qui m'a dit un jour : « Il faut pas dire ça. Vaut mieux que tu dises : "Je travaille, je suis prostituée." »

Je risquais tout le temps d'être enceinte. À cette époque-là, je ne savais même pas comment faire pour éviter. C'est après, une fille m'a dit : « Tu mets une éponge au fond (*du vagin*). » Une mignonnette, ils appelaient ça à la pharmacie. Le sperme il va dedans, après vous l'enlevez.

Mais bon après, j'ai eu… Je sais pas moi, quatre ou cinq avortements, qui se sont passés avec des clients.

Je souffrais. Qu'est-ce qu'on peut souffrir… Mais qu'est-ce qu'on peut souffrir.

Oui, toutes les filles connaissaient une avorteuse au moins. Quand l'Espagnole est morte, c'était un homme après. Un homme. Et puis, ça coûte. C'était pas donné ! Je sais plus combien ils prenaient, mais c'était assez cher.

J'ai toujours eu peur, parce qu'en plus, ça fait très mal.

On pouvait mourir de toute façon, puis tout le monde le savait. On pouvait mourir, moi, je me suis retrouvée à l'hôpital. J'avais une hémorragie, j'avais une fièvre de… et j'aurais pu mourir. On pouvait mourir avec ces avortements. Maintenant, ils sont pratiqués, c'est comme en Angleterre. Elles sont endormies, je pense. Mais les avortements de mon époque, c'était très difficile. Si on n'avait pas eu Simone Veil, y en aurait eu des mortes, parce que je vous le dis, j'ai failli mourir. Plusieurs fois.

Chapitre 7

La clandestinité

« Nous avons donc tous enfreint la loi. Et nous nous sommes succédé à cette barre des témoins, à la barre de la défense, dans le public, pour vous dire que nous sommes tous coupables d'avoir enfreint la loi. »

Gisèle Halimi

« Que la forme sous laquelle j'ai vécu cette expérience de l'avortement – la clandestinité – relève d'une histoire révolue ne me semble pas un motif valable pour la laisser enfouie – même si le paradoxe d'une loi juste est presque toujours d'obliger les anciennes victimes à se taire, au nom de "c'est fini tout ça", si bien que le même silence qu'avant recouvre ce qui a eu lieu. »

Annie Ernaux, *L'Événement*

Été 1971 dans le Loiret : une jeune fille de 16 ans, Marie-Claire Chevalier, est victime d'un viol. Un de ses camarades, un vendeur de voitures, l'a attirée chez lui et l'a abusée. Enceinte suite au viol, elle avorte quelques semaines plus tard, aidée de sa mère, Michèle Chevalier, et de deux de ses collègues employées de métro : Renée Sausset et Lucette Duboucheix, ainsi que de celle qui pratique l'acte, Micheline Bambuck. Inculpé quelques mois plus tard pour une affaire de vol, le garçon violeur, informé de l'avortement, échange la clémence de la police contre la dénonciation de Marie-Claire. Il ne sera pas inquiété ; mais Marie-Claire sera jugée devant un tribunal pour enfants (elle est mineure) ; quant à sa mère, ses collègues et l'avorteuse, elles sont toutes accusées et jugées au tribunal correctionnel de Bobigny, défendues par l'avocate et militante féministe Gisèle Halimi. Sa plaidoirie fera date et ce procès, qui s'est achevé sur la relaxe totale de Marie-Claire et sur la relaxe partielle des trois autres femmes, est l'un des jalons qui conduira à la loi Veil. Il est donc un moment où la loi est dite injuste à l'intérieur même d'un tribunal, un moment où la loi se transforme dans les instances mêmes de la justice. Une étape historique où l'avortement sort de son illégalité et où les femmes peuvent espérer sortir de la clandestinité.

La collecte le fait entendre : la clandestinité, c'est ce qui contraint les femmes à se cacher, à se mettre en danger, à trouver de l'argent liquide, qu'elles n'ont pas nécessairement. C'est se mettre dans un rapport à la loi de désobéissance, qu'on ne désire pas forcément. C'est se trouver au cœur d'un trafic, être obligée de ne pas parler au téléphone ou de ne pas donner son nom. C'est devoir partir à l'étranger, pour les plus privilégiées. C'est être livrée par nécessité à des dangers parfois extrêmes : la clandestinité, c'était aussi la mort.

Sylvie
Partir avorter à l'étranger

Née en 1956 en Haute-Loire, 68 ans

Lorsqu'elle tombe enceinte, Sylvie est lycéenne. Orpheline de mère et issue d'un milieu modeste, son petit ami, lui, est d'une famille plutôt progressiste. Il l'accompagne et finance l'avortement aux Pays-Bas. Plus tard, Sylvie devient militante au sein du MLF.

Alors, on s'est rencontrés en novembre, le 26 novembre, puisque c'est la date de mon anniversaire. On a commencé à faire l'amour, je pense, un mois plus tard à peu près. Et là, méthode

Ogino. Donc très, très précise… On a fonctionné comme ça avec la méthode Ogino. Décembre, janvier, février, mars, avril, mai. Je pense. On pouvait faire l'amour chez sa mère, il y avait pas de problème. Il y avait une ambiance, je me sentais accueillie, je me sentais… La grand-mère, elle nous préparait le goûter quand on descendait de la chambre, c'était enveloppant. Et puis un jour, j'étais en période où il fallait faire très attention. Et là, il s'est pas retiré. Et là, je me suis tout de suite dit : « Ouh, c'est chaud. » Donc un jour après, ou je sais plus, parce qu'à l'époque il fallait quelque temps encore, j'ai fait le test chez lui. Et moi, je savais que j'étais enceinte. J'en étais sûre.

Et là, je me souviendrai toujours. Je suis arrivée dans l'appartement. Fière. J'étais fière. J'avais bravé tous les interdits. Mais pas question de le garder, ça c'était non discutable. De ma part. René m'avait dit : « On fait comme tu veux, si tu veux le garder, on va se marier », machin, machin. Pas du tout ! J'étais en première, j'ai redoublé ma première. J'ai dit : « Non, non, non, non, non, non, non. Non, non. Je suis beaucoup trop jeune, on est beaucoup trop jeunes, pas question. » Et c'est lui qui s'est occupé de tout.

Moi, je sais rien. Je sais que ça se fait. J'ai dû voir des films, de faiseuses d'anges, des choses comme ça. Parce qu'à l'époque, on avait quand même des films comme ça qui passaient à la télé. Donc je sais simplement que je veux pas une faiseuse d'anges. Je veux que ce soit bien cadré. René fait les démarches, il va voir un médecin, il avait un copain, son père était médecin, donc il va le voir. C'est un médecin de campagne, donc il devait avoir l'habitude, et il le dirige vers l'association Choisir, qui est à Saint-Étienne. René s'est occupé de tout, de trouver l'argent. Je pense que c'était genre 700 francs ou quelque chose comme ça. Et lui, il voulait m'accompagner. Donc il fallait trouver l'argent aussi pour ce voyage. Je pense que c'est sa mère qui lui a prêté l'argent. Elle était au courant, mais elle était pas contente. C'est elle qui nous a amenés à Choisir en voiture, parce que René n'avait qu'une moto, et il voulait pas que je fasse de la moto en étant enceinte. Bon, puis en plus, c'était une petite 125. Donc, sa mère nous accompagne.

Et là, je rencontre quelqu'un. Je pense que j'ai une visite médicale. On me pose plein de questions, date des dernières règles, etc. Et on nous donne la date pour partir en Hollande. On m'explique qu'on va partir en bus, un bus avec plein de femmes qui vont avorter.

On est arrivés à Saint-Étienne le matin de bonne heure. On est montés dans le car. J'étais une des plus jeunes. Il y avait une autre fille qui était encore plus jeune que moi, elle était accompagnée par son frère. René était le seul géniteur de tout le car, et c'était quasiment que des femmes qui avaient déjà des enfants, et qui en voulaient plus. C'était… Ah, je me souviens que ça, ça m'a bouleversée. Que ces femmes soient obligées de faire comme moi. Qu'elles aient pas le choix. C'est-à-dire, elles avaient déjà eu des enfants. Je me disais, mais… Quoi ? ces femmes, qui étaient mères de famille déjà ? Et très longtemps après, j'ai dû me faire avorter alors que j'avais déjà quatre enfants. Et je me souviens que j'ai vécu cet avortement de façon horrible. Quand on a déjà eu des enfants, se faire avorter, c'est pas du tout la même chose. C'est dur. Et je pense que ces femmes, dans le car, elles m'ont parlé de ça. Parce que je me souviens que j'étais bouleversée par ça.

On arrive en Hollande, à La Haye je crois, c'est au bord de la mer, ça je m'en souviens. On arrive à l'hôpital, on est pris en charge rapidement, enfin tout était super bien organisé. Il y a l'équipe Choisir avec nous depuis le bus, qui nous rassure, nous explique. Mais j'ai pas du tout d'appréhension, pas du tout. René est là. Je suis quand même très étonnée que ce soit le seul géniteur, mais je me sens protégée. Il assume. Je me sens privilégiée. Parce que toutes ces femmes avec moi, elles sont seules et elles ont dû trouver l'argent seules aussi.

C'est un hôpital. Les équipes parlent un peu anglais, mais pas français évidemment. Donc on se débrouille. Ce sont des gens gentils, bienveillants. On nous met dans une salle avant. On est quatre, cinq femmes. Puis c'est votre tour. On vous allonge, comme une visite chez le gynécologue. Et on ne vous endort pas du tout. C'est la méthode par aspiration. Et moi, je me souviens, pendant l'opération, j'entends quelqu'un dire « petite fille ». Je pense qu'ils parlaient de moi, trouvaient que j'étais jeune. Parce que les autres femmes étaient beaucoup plus âgées. Et ça dure, je sais pas, deux minutes trente. Enfin, c'est hyper rapide. Parce que j'ai dit : « Ça dure combien de temps ? Est-ce que je vais avoir mal ? » « Oui, ça va être un petit peu douloureux, comme des règles, mais peut-être un peu plus. »

Une douleur bien costaud quand même. Par rapport à un accouchement, c'est rien. Mais oui, je me souviens que ça a été très rapide. Après, on nous a gardées pendant une heure ou deux, je sais pas. Pour vérifier s'il y avait pas d'hémorragie, pas de ceci, pas de cela. Ah oui, j'ai demandé : « Est-ce que je peux voir ? » Et on m'a dit non. « Vous respirez bien. » Et voilà, c'était fini.

Et puis après, on sort. Et là, je me souviens, on va sur la plage. Et je me mets à courir. Et je hurle que c'est fait, que c'est fini, que je suis libre ! Enfin, je me souviens de quelque chose de très euphorique. Donc, je devais pas avoir si mal que ça. Ou alors, ma joie était plus importante que la douleur. C'était derrière moi.

FALACK
PERDRE UNE SŒUR

Née en 1963 à Paris, 61 ans

La clandestinité cela signifiait, dans le pire des cas : la mort, les procès, les familles endeuillées. C'est l'histoire de Falack, qui a vécu à l'âge de 6 ans la mort de sa grande sœur, emportée dans un avortement clandestin, qui a brisé sa vie et celle de sa famille.

Ma sœur avait un tempérament avant-gardiste. On était juste après 68, elle avait même demandé l'émancipation, car la majorité était encore à 21 ans. Elle avait un petit ami avec des cheveux longs, libre, mon père supportait pas, et ma mère non plus : elle avait été élevée chez les bonnes sœurs, ça la faisait exploser. Ma sœur avait rencontré ce jeune homme qui, semble-t-il, lui a ouvert la vie. Il s'appelait Jean-Louis. En fait, ils étaient heureux, certainement, et donc il lui a fait découvrir le théâtre… Et puis, elle a été enceinte et elle voulait pas garder ce bébé, elle voulait vivre sans contrainte. Et donc, elle en a un peu parlé à ma mère, mais de manière détournée, en lui disant : « Si j'avais un bébé et que je ne le voulais pas, qu'est-ce qui se passerait ? » Ma mère aurait répondu : « Ben, ton père nous tuerait. »

À partir de là, elle a commencé, avec son copain, à faire des démarches pour rencontrer un médecin. Il se trouve que le médecin qu'ils avaient trouvé était rayé de l'ordre des médecins parce qu'il y avait un souci, vraisemblablement, de drogue. Donc il a fait l'avortement. Et ça s'est mal passé. Là j'avais 6 ans. On m'a dit que ma sœur avait eu un accident de voiture.

Ce qui s'est passé, c'est qu'il y a eu un appel d'un commissariat de police, quai de Gesvres, un soir assez tard. C'est mon père qui a répondu au téléphone. On lui a demandé de venir le lendemain matin au commissariat. Il semble qu'on lui ait dit ce qui s'était passé, que sa fille n'était plus. Il n'a rien dit à ma mère et on est allés le lendemain matin au commissariat. Lui il est resté dans la voiture. Et moi, j'ai suivi ma mère. On était dans un bureau. *(Pleurs.)* J'avais 6 ans. Le commissaire a un peu questionné ma mère, qui ne savait pas pourquoi elle était là. J'étais sur ses genoux. *(Pleurs.)* Il lui a dit la nouvelle. Elle a hurlé et elle s'est mise à se balancer et le commissaire m'a prise et m'a emmenée à l'extérieur du bureau.

Le commissaire a certainement expliqué ce qui s'était passé, que c'était suite à un avortement clandestin. Et en fait j'ai entendu. Je me souviens que ça faisait contradiction avec l'accident de voiture, l'histoire que ma mère m'a racontée.

Et en fait, à partir de là j'ai une scolarité complètement… Qui dégringolait. Je perdais mon savoir. Je perdais le savoir. Après j'ai commencé à ne plus manger. Ça a été très difficile pour ma mère. Ensuite, il y a eu une période où elle-même allait très mal. Je pense que mon père était pas souvent là, dans l'appartement. Je ne bougeais plus, je restais assise, j'étais une statue.

Personnellement, je me rappelle de rien, seulement d'une tante qui a dit que quand elle est venue un jour chez nous, c'était comme si elle était entrée dans un sanctuaire, et que moi j'étais sur une chaise sans bouger – pour une petite fille de 6 ans c'était stupéfiant. Je pense que j'avais choisi d'être très effacée pour que ma mère puisse vivre toute seule son chagrin. Parce que, aussi bien mon père que moi… on l'exprimait pas.

Deux ans après, en 1971, le procès a eu lieu. J'avais 8 ans, je n'y ai pas assisté. C'était à la cour d'assises, plusieurs personnes étaient impliquées : celui qui a fourni l'adresse du médecin, le médecin, le compagnon, celui qui a prêté son appartement, ça a été très détaillé.

Mon père a assisté à tout le procès. Il était avec ses frères. Ma mère n'a assisté certainement qu'un jour, mais ensuite elle a pu avoir une dispense parce que c'était trop éprouvant. Ce dont je me rappelle, c'est que ma mère s'est mise au bord de la fenêtre, donc j'étais à côté d'elle, et elle voulait sauter, et heureusement elle m'a demandé si j'acceptais de partir avec elle. Et j'ai répondu : « Seulement si ça fait pas mal. » Et de là, elle est descendue. Je pense que c'est ce qui m'a suivie très longtemps, jusqu'à son décès en 2018. J'ai vraiment eu l'impression de porter le fait que je devais la tenir en vie. Parce que je l'avais empêchée de mourir.

Je pense que ça a complètement fusillé le couple de mes parents. Mon père était de moins en moins présent. Il a fini par refaire sa vie. Ils ont divorcé justement en 1971, dans les eaux du procès. Et lui, il a imposé de me voir, en fait, jusqu'à 18 ans. Donc je le voyais tous les jeudis, parce qu'à l'époque c'était le jour de congé des enfants. J'allais au pressing, à son pressing. Mais on n'a jamais parlé, ni de ma sœur ni de rien, on se parlait pas. On était ensemble, lui faisait son travail, moi, j'étais assise dans un coin, je le regardais travailler. Et c'était dingue parce que je me rends compte que j'étais capable de rester des heures, sans bouger, sur une chaise, à le regarder. Je l'ai vu aussi, je l'ai regardé refaire sa vie. Il me présentait ses compagnes. Et après, j'ai été aussi spectatrice quand il en a choisi une, avec qui il a eu des enfants. Et pour garder le lien, parce que ça avait l'air d'être très important pour lui, je m'occupais de ses enfants quand on se voyait. Mais je ne pouvais pas remplacer ma sœur, c'était impossible pour moi.

Concrètement, en CM2, avec ma mère, on a été convoquées chez la directrice de l'école primaire qui a expliqué à ma mère que je n'irais pas au collège, qu'il fallait me trouver un établissement spécialisé parce que je ne pouvais plus rester dans le cursus normal. Ma mère a pleuré. Elle lui a dit : « Laissez-la faire un essai ». Quand on est rentrées de cet entretien, ma mère m'a prise sur les genoux, pour la première fois, et elle m'a raconté de quoi était morte ma sœur. C'est là qu'elle a évoqué l'avortement clandestin, avec ses mots, pour une petite fille. Je devais avoir 10 ou 12 ans. Et quand je suis rentrée en sixième, avec toute cette nouvelle organisation, avec plusieurs professeurs, j'ai changé de prénom. J'ai plus voulu m'appeler Falack alors que c'était le prénom que mon père et ma sœur m'avaient donné ensemble, ils l'avaient choisi ensemble, pour eux ça voulait dire « étoile », après j'ai su que ça voulait dire « les astres ». Donc je me suis fait appeler Patricia, c'était mon deuxième prénom, c'était celui que ma mère m'avait donné. Il faut savoir aussi qu'après le divorce, ma mère ne voulait plus que j'aie les cheveux frisés, donc elle masquait ce côté oriental que j'avais où elle me coupait les cheveux très court pour enlever les boucles, etc. Après ça a été mieux, mais je ne sais pas, il y a eu une phase où il fallait que je refuse mon père et tout ce qui me venait de lui, que je le repousse. C'est là que je me suis un peu ouverte au savoir et aux autres.

Je pense qu'à ce moment-là, en réalité, j'ai rien compris de ce qui était arrivé à ma sœur. Les mots avaient été dits par ma mère, sur ses genoux, mais c'est tout. Après, je n'ai pas cherché tout de suite. Je crois que c'est vers la trentaine que j'ai commencé à sentir que l'image de ma sœur planait, mais que personne n'en parlait, personne. Il y avait comme des tensions palpables mais ça n'explosait jamais. Il y avait une mauvaise atmosphère, et c'est de sentir ça qui m'a menée à faire des recherches sur ce procès, sur la réalité de ce qui s'était passé, parce que quand je questionnais, tout le monde avait soi-disant oublié, restait silencieux.

J'ai commencé par éplucher les journaux. Sans le dire à ma mère, je suis allée à Beaubourg, à la BPI, là où étaient conservées les archives des hebdomadaires. Je trouvais rien. Je passais des après-midi avec ma fille, on cherchait. La date était floue. J'ai fini par savoir que le procès avait été aux assises. Et j'ai joint une personne à la cour d'assises. Je crois que c'est un juge. Et cette personne m'a fait promettre que je n'utiliserais pas les minutes du procès et m'a envoyé le texte. J'avais besoin d'avoir la vérité. C'est ce qui me manquait.

J'ai découvert, je dirais, la boucherie qu'a été cet avortement. D'après les témoignages du procès, je pense que ma sœur avait mis tout de son côté pour que ça se passe bien. Elle a cru en ce médecin, elle a fait confiance à celui qui l'envoyait. Mais ce médecin lui a administré un anesthésiant à forte dose. Après il y a… boucherie, ça a été… On dirait que le médecin a pété un plomb, qu'il s'est acharné. J'ai compris aussi que tout ça était passé par le biais du théâtre, c'est par les amis de ce milieu qu'elle a été mise en contact avec ce médecin. L'appartement appartenait aussi à un des comédiens, je crois. Dans le procès, il est dit en détail que deux personnes tenaient les jambes de ma sœur, qu'elle était endormie. Ma mère m'a toujours dit que quand elle a vu sa fille avant l'enterrement, elle avait le visage crispé. Donc même si elle était très endormie, on peut dire qu'elle a souffert. Comme cause du décès, dans le dossier médical, je crois qu'il était écrit « embolie ». Et beaucoup de linges tachés de sang ont été retrouvés dans la douche, dans la salle de bain, donc parmi les causes de la mort il y avait aussi hémorragie, je pense. Plus un problème cardiaque. Et puis ce qui est décrit dans le procès, c'est qu'ils ont été très longs, très, très longs à prévenir les secours. Ils ont vraiment attendu trop longtemps. Ma sœur est morte dans le camion des pompiers, avant même le départ pour les urgences.

J'ai su après que quand ça a commencé à mal tourner, tout ce monde s'est concerté : le médecin, le compagnon de ma sœur, qui était à l'extérieur de l'appartement et qui apparemment n'était pas dans son état normal, il avait beaucoup bu. Devant l'état de ma sœur et sachant que c'était interdit, ils ont eu peur des conséquences sur leurs vies, ils ont fait des calculs avant de prévenir.

Le médecin a été condamné à dix ans de prison. Après ces dix ans, il s'est suicidé à sa sortie.

Je pense que c'est un drame qui a façonné ma vie. Je témoigne parce que vous constituez des archives, et qu'il faut bien dire à ceux qui n'ont pas connu cette époque combien ça peut foudroyer des familles.

Chapitre 8

L'engagement

« La complexité des émotions liées à la lutte pour l'avortement indique avec précision notre difficulté d'être, le mal que nous avons à nous persuader que cela vaut le coup de se battre pour nous. »

Manifeste des 343

« Or, ce que j'essaie d'exprimer ici aujourd'hui, c'est que je m'identifie précisément et totalement avec madame Chevalier et avec ces trois femmes que la loi appelle des complices, avec ces femmes présentes à l'audience, avec ces femmes qui manifestent dans la rue, avec ces millions de femmes françaises et autres.

Elles sont ma famille.

Elles sont mon combat.

Elles sont ma pratique quotidienne. »

Gisèle Halimi

Dans l'histoire des procès de Bobigny, aujourd'hui très documentée, on trouve un détail émouvant et frappant. Gisèle Halimi y fait allusion dans sa plaidoirie. Il s'agit d'une pétition, initiée et largement signée par les collègues de la mère de Marie-Claire, employées de métro, pour demander la relaxe de Michèle Chevalier et se déclarer « solidaires ». « Une chaîne de solidarité s'est formée autour de Marie-Claire, autour de Mme Chevalier, de Mme Duboucheix et de Mme Sausset et autour de Mme Bambuck, et également autour de toutes les femmes dont c'est la condition. Cette chaîne de solidarité est l'expression d'un choix, et d'un choix responsable. Cette chaîne a commencé, souterraine, dans le métro. Il y a à mon dossier 300 signatures d'employées de métro de toutes les stations de la ligne où travaille Mme Chevalier : Montmartre, Drouot, Robespierre, République, Charonne bien sûr. Elles ont pris en cela une responsabilité. »

Au cœur du clandestin se loge malgré tout l'expérience de la solidarité, profonde, transgénérationnelle, entre les femmes, parfois entre les femmes et les hommes aussi – cette solidarité « souterraine » qui relie les clandestines entre elles. La collecte nous montre que l'expérience d'avorter devient parfois le socle possible d'un engagement, soit au sein des mouvements et associations féministes, surtout au sein du MLF, du MLAC et de Choisir, soit auprès d'autres femmes avortées, soit encore avec des médecins. Ici, deux voix, une femme et un homme, et deux parcours en longueur, pour voir se retracer tout le chemin : où l'on comprend que l'avortement peut constituer un moment de bascule de l'intime au politique, et de l'individuel au collectif.

PATRICIA
CE QUE LE MLAC A FAIT POUR MOI

Née en 1948 au Chili, 75 ans

Son accent le dit immédiatement : Patricia est née au Chili, ce « pays du bout du monde », dont elle parle en disant que la cordillère des Andes restera pour elle une colonne vertébrale. Elle grandit là-bas, à Santiago, dans une famille de la classe moyenne. Elle est surtout avec sa mère, car ses parents se séparent : comme la mère a un petit atelier de couture, elle grandit en fait au milieu des histoires clandestines des femmes qui, ici, en se déshabillant et se rhabillant, viennent parler.

À l'époque au Chili, l'avortement était totalement interdit. Il l'est toujours aujourd'hui, sauf en cas de danger pour la santé de la mère[1], mais… La volonté de la femme n'existe pas. Et donc, la crainte pour nous, les femmes, les filles, les jeunes, c'était de tomber enceintes. Parce que le risque de passer par une faiseuse d'anges et avoir une infection plus tard était réel, c'était très fréquent. J'entendais depuis petite, depuis les clientes de ma mère dans son atelier de couture, les femmes parler de « *remedio* », je comprenais vaguement que ça désignait un avortement. On peut traduire par un soin, une thérapie, quelque chose comme ça. Par exemple, à l'école primaire où j'étais, qui était mixte, le meilleur élève de la classe avait perdu sa mère. Et les gens disaient que c'était une araignée qui l'avait piquée. Je n'avais jamais entendu parler d'araignée mortelle au Chili ! Mais après, j'ai compris que c'était un avortement. Ou en face de chez nous, il y avait une famille qui avait quatre enfants. Et un jour, la dame a disparu. Ils ont dit qu'il y avait eu un problème. Je ne sais pas exactement, mais après j'ai appris que c'était un avortement. Elle est morte en avortement. Elle a laissé quatre enfants orphelins. Et j'avais, en plus, parmi les clientes de ma mère, une dame qui était infirmière, qui avait fait des études médicales et qui

1. Ou en cas de viol ou de non-viabilité du fœtus.

faisait des avortements. Et ma mère, je me rappelle, les femmes de ménage, elle les emmenait là-bas, chez elle. Parce que c'était plus sûr, au moins il y avait les conditions hygiéniques qui étaient respectées. Donc pour moi, l'avortement, ça a été présent tout le long de mon histoire.

Un jour je me suis rendu compte que j'étais enceinte. Je n'avais pas mes règles, et les seins qui commençaient à s'endurcir. Avec mon compagnon de l'époque, on était étudiants tous les deux. Et lui, il a parlé à un ami de son père : ce monsieur nous a donné l'argent et l'adresse d'une faiseuse d'anges. Il fallait compter l'équivalent de 500 euros, quand même – mais c'était une femme qui savait ce qu'elle faisait, connaissait les risques d'infection. Elle le savait. Mais l'opération elle-même était hyper, hyper traumatisante. D'abord, il n'y avait pas d'anesthésie. Je me rappelle qu'elle m'a mis quelque chose dans la bouche. Après, j'ai appris que c'était de l'éther. J'étais un peu dans les vapes, mais je sentais parfaitement tout. Et surtout, surtout, c'est terrible, j'ai senti les bruits qu'elle faisait avec ses instruments. Les bruits, c'est brutal.

Là, c'étaient pas des aiguilles qui étaient utilisées, c'étaient des herbes. Une branche de romarin, un truc comme ça. C'était quelque chose pour stimuler l'utérus à repousser l'embryon. C'était vraiment très rudimentaire. Dans la cuisine, c'était dans la cuisine. Sur la table de la cuisine.

J'ai senti de la peur, de la douleur. Et c'était une humiliation quand même. Je me disais, mais pourquoi ? C'est terrifiant tout ça. Comment ? Je n'avais pas en tête, à ce moment-là, qu'il faudrait lutter pour ça, pour que ça sorte de l'illégalité. Je n'avais pas encore cette prise de conscience. Et je pense qu'on était tellement guidés tous par l'idée de tout changer dans la société que je ne pensais pas vraiment à la spécificité des luttes des femmes.

Et là, je me suis dit que le prochain avortement, jamais je ne le ferais avec une faiseuse d'anges. Et je disais à mes copines : « Jamais. S'il faut organiser un vol, on y va, on vole quelqu'un. » Pas une banque, parce que c'est très surveillé. J'avais cette colère parce que je me suis sentie vraiment ignorée. J'ai eu une injustice énorme. Mais au lieu de lutter pour une loi, je me suis dit : « Il faut s'organiser, trouver l'argent ailleurs. On va voler, faire quelque chose. On vole une voiture, on la vend, je sais pas, mais on paye une clinique. » Et la clinique ça coûtait quelque chose comme 1 200 euros, 1 500 euros, quand même. C'était l'équivalent d'un salaire.

Le coup d'État arrive trois ans plus tard. Patricia est alors sur le point d'accoucher de sa première fille. Son compagnon, son nouveau-né et elle sont exfiltrés via le consulat français vers Paris. Peu après son arrivée, Patricia s'aperçoit qu'elle est de nouveau enceinte et découvre que l'avortement est aussi illégal ici qu'au Chili. Son engagement politique va devenir féministe.

On apprend qu'ici aussi l'avortement est interdit. Alors je pars où on distribuait le journal qui à l'époque s'appelait *Rouge,* la Ligue communiste révolutionnaire. Parce que nous on avait des contacts avec la Ligue communiste. Et à la Ligue communiste, je demande quelqu'un qui parle espagnol, parce que je parlais pas français. Quelqu'un vient alors m'accueillir et m'explique que c'est interdit d'avorter, mais qu'il existe un mouvement de femmes, dans lequel il y a des hommes aussi, qui luttent pour la libéralisation de l'avortement, la dépénalisation de l'avortement, et ensuite pour créer une loi, etc. En attendant la loi, ils pratiquent des avortements. Ils m'ont invitée à une réunion d'information. Je me rappelle que ça avait lieu à Pigalle. C'était la fin du printemps, début de l'été, j'étais habillée en tee-shirt.

J'arrive dans une maison particulière. Il y avait plein de filles, qui ont été super avec moi. Elles se sont débrouillées comme elles ont pu avec leur espagnol appris en troisième. Elles m'ont expliqué comment les choses se passaient. Elles m'ont dit qu'elles n'allaient pas me laisser tomber, qu'elles allaient trouver une solution, dans les délais qu'il fallait. Et elles m'ont présenté la méthode par aspiration. Je leur ai dit que j'avais encore une autre copine qui était dans la même situation que moi et j'ai demandé si c'était possible de le faire aussi pour elle, elles m'ont dit : « Bien sûr ». Et on a organisé tout de suite le rendez-vous, parce qu'il y avait un délai quand même.

On nous avait donné, dans une commune du Val-de-Marne, en région parisienne, un pavillon qui avait été abandonné. Il était très délabré, mais on s'était engagés, nous les Chiliens, à le restaurer un peu. On s'est installés là. On vivait toujours en communauté. L'argent était l'argent de tout le monde. S'il y avait quelqu'un qui avait un petit boulot, on redistribuait toute la paie. On avait un pot commun pour tous. Pour l'avortement, j'ai pensé qu'on pouvait en faire sur place, qu'il n'y avait aucun problème de sécurité, que personne n'en parlerait. J'ai donné l'adresse aux camarades du Mouvement (MLAC). Et c'est comme ça qu'un après-midi sont arrivés deux filles que je ne connaissais pas et un garçon, j'ai appris après qu'il était étudiant en médecine. Ils sont arrivés avec leurs instruments, tout le matériel était stérile. Ils nous ont apporté des médicaments, des antibiotiques, et ils nous ont demandé si on voulait une injection de Valium pour être un peu dans les vapes, parce qu'ils n'avaient pas d'anesthésiant. C'est comme ça que s'est passé l'avortement.

J'ai eu une injection de Valium et c'est vrai que ça a été très efficace. Parce que je suis très sensible à ça. J'ai pu être un peu dans les vapes. Mais c'est surtout elles, les deux filles. Elles ont été extra avec moi parce qu'elles m'ont aidée à me relaxer. Il y en avait une qui me touchait les cheveux. Il faisait chaud. Elle me dégageait la nuque... Elles ont été extra. Je me suis sentie dans un cocon. Vraiment.

Je me suis endormie parce que j'avais l'effet du Valium. Et ils sont partis. Malheureusement, je ne les ai plus jamais revus. Mais ils ont été merveilleux avec moi. Toutes les deux, surtout elles. Quand je pense à cette expérience, je me dis que la solidarité en France a été extrêmement présente. Très, très, très solidaire avec nous, avec tous les Chiliens qui sont arrivés. Le coup d'État a eu un impact politique dans le monde entier. La figure d'Allende était très importante. Mais je n'avais pas senti, jusqu'à ce moment-là, la solidarité incarnée, aujourd'hui on pourrait dire la « sororité ». Aujourd'hui, il y a ce nom, cette appellation. Mais à ce moment-là, je ne l'avais pas ressenti. Vous voyez, c'est merveilleux ça, vraiment. Sentir que sans parler français, moi je pouvais être, sans avoir des papiers, j'avais mon récépissé, des petits papiers, rien du tout, que je pouvais avoir l'accès à cet avortement.

J'ai dû parler autour de moi, mais c'était dans le milieu latino, le milieu chilien. Et il y avait quelqu'un d'autre que j'ai connu après qui a eu aussi besoin d'un avortement. Elle a été voir un médecin. Et ce médecin, pareil, un militant du MLAC, lui a fait un avortement. Donc, on a échangé un peu. Et à ce moment-là, c'est moi qui l'avais accompagnée. Je suis restée auprès d'elle. Je pense que rester auprès d'elle, c'était important.

J'ai commencé à militer vraiment dans le groupe des femmes en 1979. Je m'étais rapprochée d'un groupe de femmes chiliennes, puis latino-américaines. Tous ces groupes se réunissaient une fois par semaine. C'était magnifique. On pouvait parler en espagnol. C'est à partir de là que j'ai repris mes études en France. Et que j'ai pu continuer, parce que je savais qu'à un moment, j'avais une dette avec toutes les femmes qui m'ont aidée à grandir. Elles m'ont toujours dit : « Il faut que tu sois économiquement indépendante. Que tu puisses aller à l'université et être une femme instruite. » Donc il y avait une dette avec elles. Je savais que je devais terminer mes études. J'ai repris mes études à Nanterre, de psychologie et de psychologie sociale plus tard. J'ai pu travailler après comme psychologue sociale.

Pour moi, pour faire société, il faut donner, recevoir et rendre. Et ce que la France a fait pour moi, ce que le MLAC a fait pour moi, je le rends aujourd'hui. Avec ce témoignage.

Alain

La force du collectif, un médecin engagé

Né en 1941 en Loire-Atlantique, 83 ans

Déjà engagé pendant ses années de lycée au moment de la guerre d'Algérie, Alain étudie la médecine à Nantes et se trouve vite confronté à la question de l'avortement.

Il n'était pas possible d'être médecin généraliste, où que ce soit en France, je pense, à l'époque, sans être confronté à cette question de l'avortement. Mais avant l'avortement, je me suis très rapidement engagé en faveur de la contraception, quand j'étais étudiant. Parce qu'il faut savoir que, bien sûr, la loi Neuwirth n'a été votée qu'en 1967, le décret d'application en 1974. Et dans les années 1965, ce n'était pas évident pour des jeunes d'accéder à la contraception. La contraception orale est arrivée en France dans les années 1965, 1966, 1967. Très mal, comment dirais-je, très critiquée. Je me rappelle très bien d'un article du professeur Jérôme Lejeune, dans la première page du *Monde*, sur cinq colonnes, « Qui parlera pour nos enfants ? », dans lequel il accusait la pilule de tous les maux de la terre et essayait d'effrayer la population pour qu'elle ne prenne pas la pilule. Moi, ça m'avait révolté. Je commençais à lire pas mal de choses là-dessus. J'avais organisé des soirées d'initiation à la contraception, à la sensibilisation aux MST pour tous les jeunes qui étaient là.

Ensuite, l'avortement. Le premier événement vraiment très frappant pour moi, c'est une expérience que j'ai vécue lorsque je remplaçais, avant mon service militaire, des médecins de la Basse-Loire, de la région du sud, en aval de Nantes. Un médecin de la montagne, je l'avais remplacé, j'étais de garde un week-end de Pâques, en 1968, et j'ai été appelé par une famille pour faire un certificat de décès. Et j'ai entendu l'histoire qui s'était passée. En fait, c'était une femme mariée qui avait une maladie cardiaque. Elle n'aurait pas dû avoir d'enfant, car on savait très bien que cette anomalie cardiaque était considérablement aggravée par la grossesse. Or cette femme avait été enceinte une première fois, ce qui avait aggravé son insuffisance. À l'époque, il n'y avait pas de chirurgie cardiaque, et son médecin traitant lui avait prescrit une contraception orale. Malheureusement, il y a eu un échec, elle s'est trouvée enceinte une deuxième fois. Son médecin traitant, à ce moment-là, a essayé de faire jouer une disposition légale qui prévoyait qu'en cas de menace grave, immédiate, de la vie de la mère, on pouvait interrompre la grossesse. Mais il fallait passer par une commission tripartite composée de : un médecin généraliste, un médecin spécialiste du problème concerné et un médecin expert auprès des tribunaux. Cette procédure a été mise en œuvre par le médecin traitant et la commission a répondu négativement, a estimé qu'il n'était pas nécessaire d'interrompre la grossesse. Donc cette jeune mère a accouché et est morte trois mois après son accouchement.

Jeune médecin généraliste, Alain ouvre un cabinet collectif avec plusieurs collègues dans un quartier défavorisé de Nantes : les Dervallières.

Je m'en souviens comme un moment de révolte, surtout. Je trouvais ça révoltant. Et puis dans notre cabinet, très tôt, j'ai été confronté à des femmes qui venaient me trouver parce qu'elles avaient des saignements : elles m'expliquaient qu'elles s'étaient mis une aiguille à tricoter ou elles avaient essayé de s'avorter, etc. Je me souviens très bien, en particulier, d'une femme qui était épouse d'un boucher qui avait un stand au marché de Nantes. Et cette femme est venue me trouver pour me consulter en me disant : « Eh bien voilà, je me suis avortée. Enfin, j'ai tenté de m'avorter, mais je sais que ça saigne, il faut me faire un curetage. » Donc beaucoup de médecins généralistes étaient confrontés à ça et devaient envoyer à ce moment-là ces patientes-là chez un gynécologue qui allait faire un curetage. Cette femme m'a avoué que c'était la neuvième fois qu'elle s'avortait. Elle devait avoir à l'époque, je ne sais pas, 33, 34 ans. Donc, je lui ai dit : « Mais vous ne prenez pas de contraceptif ? » « Non, mon mari ne veut pas. » Et donc, un soir où je savais que le mari était chez lui, je suis allé frapper à la porte de cette famille, et j'ai pris le mari entre quatre yeux, et je lui ai dit : « C'est pas possible, il faut que ça change, il faut que votre femme prenne la pilule. » Mais il y avait beaucoup de réticences à la prise de la pilule, et en particulier, je pense que, pour beaucoup d'hommes, la crainte était que ça allait libérer la vie des femmes, que ça allait leur permettre éventuellement d'avoir une vie sexuelle extraconjugale.

En tout cas, il y avait une question de pouvoir là-dedans, clairement.

Une autre chose qui m'avait marqué aussi : quand nous étions externes, nous devions prendre des gardes en réanimation, et je voyais de nombreuses patientes en infection suite à des avortements clandestins, avec une mortalité vraiment importante, des septicémies. Cela a certainement orienté mon engagement, mais ma pratique médicale des avortements est venue après : elle est liée à un travail collectif, et d'abord à une prise de conscience collective. Donc là, il faut revenir au tout début des années 1970, avec le procès de Bobigny. La mobilisation d'un certain nombre de femmes, le fameux texte des 343 femmes qui déclaraient s'être fait avorter dans *L'Observateur*, grandes vedettes du cinéma, de la culture, etc. Dans la foulée, très rapidement également, il y a eu la publication d'un texte de 331 médecins qui déclaraient avoir pratiqué des avortements : cela a créé un événement à Nantes, dans le milieu médical nantais local. Le conseil de l'ordre s'en est ému, a édité un numéro spécial du conseil de l'ordre. Et deux patrons du service de dermatologie ont publié une lettre destinée à tous les médecins du département en disant combien ils étaient scandalisés, scandalisés à l'idée que des confrères aient osé signer ce texte par lequel ils déclaraient avoir avorté des femmes et demandaient à ce que la loi évolue. Ce courrier a été reçu par tous les médecins, dont moi, et on a été assez nombreux à être un petit peu choqués, dont en particulier… Alain Le Danois, un médecin qui avait créé un groupe médical dans un quartier défavorisé tout en étant chef de clinique de pédiatrie, qui était pourtant de culture chrétienne, catholique, je ne sais pas s'il était encore pratiquant à l'époque, et qui avait été confronté en tant que médecin généraliste dans des quartiers défavorisés, comme moi, et avant moi, à ces situations-là. Il avait trouvé cette prise de position insupportable et a tout seul écrit un courrier qu'il a envoyé à tous les médecins du département en disant : « Moi, je ne suis pas d'accord avec ça. Je pense qu'il faut que les choses changent. Si vous êtes d'accord avec moi, écrivez-moi, etc. » Il a reçu une centaine de réponses. Cette lettre a déclenché quelque chose et très rapidement, en février 1973, on a été quelques-uns à programmer une réunion en conviant tous les médecins qui étaient d'accord avec nous à se retrouver, à se réunir, pour en parler ensemble et pour réfléchir à ce qu'on pouvait faire. On s'est trouvés dans les locaux d'un laboratoire de produits pharmaceutiques, qui avait accepté généreusement de nous prêter une salle, une soixantaine de médecins à peu près. Les avis étaient assez divers, entre ceux qui étaient tenants d'une libéralisation totale, d'autres qui étaient sur des positions plus restrictives. Mais tous trouvaient la situation insupportable. Un certain nombre de médecins déjà présents avaient déjà pratiqué des IVG. Et c'est une consœur gynécologue, Joëlle Brunerie-Kauffmann, qui avait la possibilité de se fournir ce qu'on appelait des canules Karman, une nouvelle méthode d'avortement plus sûre : elle en a fait parvenir une, qui est arrivée par le train.

Peu à peu, en parallèle de ce groupe-là qui pratiquait donc des avortements, se sont mis en place des groupes de travail sur : est-ce qu'on doit fixer des limites ? Est-ce qu'on va accepter de faire des IVG à toutes les femmes, quelles que soient les circonstances ? Ou est-ce qu'on va définir des critères ? Comment on peut s'organiser ? Comment concrètement on peut faire ? Qui va apprendre ? Qui va pratiquer ? Quels sont ceux qui veulent pratiquer ou pas ?

Évidemment, on s'était fixé des limites. On savait que cette technique nouvelle, la méthode Karman (*avec une canule puis une aspiration*) n'était vraiment applicable qu'à des grossesses de huit, neuf, dix semaines d'aménorrhée, pas plus.

Parce qu'autrement, la canule de Karman a un calibre, c'est un tube en plastique avec un fond arrondi et deux fenêtres ouvertes près des extrémités qu'on raccorde à un dispositif de pression pour aspirer : soit un aspirateur spécialisé, mais on n'en avait pas, donc là, on utilisait des seringues de 50 cc qu'on trafiquait avec une vis pour bloquer le piston et maintenir l'aspiration. C'était vraiment du bricolage. Mais c'était suffisant pour aspirer le contenu utérin d'une grossesse de sept-huit semaines d'aménorrhée sans problème. Cette technique-là, c'est donc Karman, psychologue américain en Californie, qui avait lancé ça aux États-Unis. Et où se pratiquaient déjà des IVG comme ça.

Certains ont commencé à pratiquer dans notre groupe, certains se sont portés volontaires, d'autres n'ont pas voulu être volontaires, mais ce qui a été très important, c'est qu'il a été proposé que tous ceux qui ne se sentaient pas capables ou ne voulaient pas passer à la pratique s'engagent en coresponsabilité. C'est-à-dire qu'ils ont tous signé un document dans lequel ils déclaraient qu'ils s'engageaient à être coresponsables avec les praticiens qui allaient pratiquer des IVG. Et il y a une centaine de médecins qui ont signé ce document, ce qui était énorme dans le département. Et ce qui a permis, donc, au départ, à cinq médecins, principalement, entre juin et septembre-octobre 1973, de pratiquer 310 aspirations Karman.

Pour ma part, je ne faisais pas partie de ce premier groupe. Moi, je m'occupais surtout du côté gestion administrative. J'ai commencé à pratiquer quand on a fait la deuxième série. Je me suis trouvé un jour dans mon cabinet devant une jeune fille de 15-16 ans qui était enceinte, une mère alcoolique, vraiment alcoolique, un père complètement largué. Ses parents étaient désarçonnés, elle-même ne savait que faire, elle ne voulait pas de cette grossesse, ce n'était pas pensable. Donc, c'est là que j'ai commencé, j'ai vraiment commencé par faire cette aspiration-là, et puis après, j'en ai fait d'autres.

Tout se passait dans notre cabinet. On avait le matériel. On s'est équipés, il n'y avait pas besoin de beaucoup : surtout de ce qu'on appelle des hystéromètres d'Alsace. Ce sont des sondes en plastique souple qu'on utilisait primitivement pour mesurer la profondeur de l'utérus et qui avaient des calibres croissants pour dilater un petit peu le col, pour permettre la pénétration de la canule de Karman, surtout chez les femmes qui n'avaient pas eu d'enfant. On avait tous de quoi stériliser, alors c'étaient pas des stérilisations modernes, c'étaient des stérilisations avec des comprimés de formol, de formaldéhyde. Mais enfin, on avait de quoi faire. De toute façon, dans nos cabinets déjà, en tout cas dans le mien, quand on a créé notre cabinet de groupe, on avait créé une salle de petite chirurgie. Donc, on faisait de la petite chirurgie. On avait un stérilisateur, on avait du matériel, on faisait plein de sutures, on faisait même des plâtres pour les fractures, on faisait tout un tas de soins que plus aucun généraliste ne fait maintenant. Et donc on avait une certaine expérience pratique, tout un tas de gestes techniques, et on avait du matériel.

Ce qu'on a appris surtout, c'est la force du collectif et l'importance de la rigueur. On n'aurait jamais pu faire évoluer ce centre comme on l'a fait évoluer, sans ça, sans la force du collectif et la rigueur : par la rigueur intellectuelle, la rigueur de la pratique, l'exigence de rigueur, mais le collectif aussi, au sens large du terme. C'est-à-dire que dans ce centre, ça a toujours été le cas, tout le monde avait la parole : la femme de ménage, l'aide-soignante, l'infirmière, l'aide-surveillante, tout le monde avait le droit à la parole. Et il y avait des réunions régulières dans lesquelles tout le monde pouvait s'exprimer. Quand j'ai été responsable du centre, j'ai entendu des infirmières ou des aides-soignantes se plaindre de l'attitude ou de la pratique de certains médecins. Il m'est même arrivé de demander – ça m'est arrivé deux fois – à des médecins de quitter le service, parce qu'ils avaient des attitudes… qu'on n'estimait pas acceptables. Rentrer dans une salle d'intervention pour faire une IVG à une femme à laquelle on ne dit pas bonjour en entrant, ça paraissait normal à tout le monde. Moi, je ne le savais pas, je n'étais pas là. C'est les infirmières qui l'ont exprimé en réunion collective, et on a changé ça.

Dans l'illégalité, j'ai appris peut-être un point important : c'est la place du médecin et la place du patient. C'est-à-dire, le médecin, ce n'est pas le chef qui décide de tout. Il est là au service de patients. Il n'est pas là pour décider ce qui est bon ou pas bon pour les gens qui sont en face de lui.

Chapitre 9

Les hommes dans cette histoire

« S'il reste encore au monde un serf, c'est la femme, c'est la serve, puisqu'elle comparaît devant vous, messieurs, lorsqu'elle n'a pas obéi à votre loi, quand elle avorte. Comparaître devant vous. N'est-ce pas déjà le signe le plus certain de notre oppression ? Pardonnez-moi, messieurs, mais j'ai décidé de tout dire ce soir. Regardez-vous et regardez-nous. Quatre femmes comparaissent devant quatre hommes. Et pour parler de quoi ? de sondes, d'utérus, de ventres, de grossesses et d'avortements !... Croyez-vous que l'injustice fondamentale et intolérable n'est pas déjà là ? »

Gisèle Halimi

Après les appels à témoignage, les enquêtes de terrain, les analyses et propositions faites en amont par un conseil collégial, les enregistrements vidéo de la collecte démarrent : nous sommes en mars 2024. Ils durent jusqu'en juin. C'est un tournage de seize semaines en continu, avec pour chaque enregistrement (il y en a soixante-dix-neuf dans toute la France) : une cheffe-op, une intervieweuse, une ingénieure du son et une régisseuse. Vous avez bien lu : une équipe non mixte, délibérément composée de femmes, tant du côté des intervieweuses-chercheuses, que du côté des techniciennes. N'est-ce pas là une forme de réponse, de réaction, de victoire aussi, cinquante ans après le discours de Simone Veil, et cinquante-trois ans après la plaidoirie de Gisèle Halimi ? On le lit ci-dessus : elles soulignaient toutes deux que leur parole s'adressait malheureusement et absurdement à des hommes, dans ces espaces de pouvoir que représentent le tribunal correctionnel ou l'Assemblée nationale. Car oui, d'un côté, il est signifiant et sans doute urgent, au vu de l'histoire des femmes, de les écouter, mais aussi de leur *donner la parole* – de leur donner les conditions de possibilité d'une parole sereine, totale, sans honte ni tabou. La collecte le permet, par les modalités mêmes de sa fabrication, créant au moment de l'entretien un espace de confiance, de sécurité, pour faire advenir le témoignage le plus juste. Il faut dire que les hommes, en tant que géniteurs de l'embryon ou du fœtus en question, sont bien souvent absents, à peine au courant, peu concernés et peu mobilisés – qu'il s'agisse de l'argent à trouver ou de l'accompagnement psychologique à apporter. Plusieurs fois même on entend la femme s'étonner de la question posée : elle ne pense même pas à se demander où était son petit ami ou son mari à ce moment-là. La solidarité, souvent, est une sororité.

Néanmoins, la collecte fait aussi parler les hommes, et c'est là l'une de ses très grandes forces – elle donne alors à entendre des exceptions à ce scénario banal : des hommes présents, qui payent, qui trouvent la solution, qui sont derrière la porte ou attendent en bas de l'escalier. Des hommes parfois aidants, voire mobilisés ou engagés. Ils sont médecin, compagnon, juge, avocat, mari, frère, ils sont des alliés dans cette histoire – et ils ont aussi la parole.

Rita et Gabriel

Nés en 1950 en Alsace et en Moselle, 74 ans

C'est l'un des deux couples de la collecte à témoigner ensemble et côte à côte. Elle, cheveux bouclés chemise blanche, lui cheveux blancs chemise noire. Ils déroulent leurs années de jeunesse en Alsace : être un jeune couple à la fac de Strasbourg juste après Mai 68 : c'est l'effervescence – jusqu'à cette grossesse ni anticipée ni désirée, qui les met au pied du mur.

GABRIEL : On parlait préservatif. La plupart de ceux qui en parlaient, je ne les ai jamais vus avec un préservatif. Donc il fallait se retirer vite. Il fallait faire attention et se retirer. Et les préservatifs se vendaient en pharmacie exclusivement. En Allemagne, par contre, déjà, de tout temps, j'ai connu en Allemagne des distributeurs de cigarettes et, parfois aussi, de préservatifs. Donc je me souviens que je me promenais avec les préservatifs parce que je pensais que c'était bien d'avoir des préservatifs, ça donnait un genre. Je sais qu'après j'ai appris qu'il ne fallait surtout pas rester. À la fin du rapport, il fallait se retirer et tenir le préservatif. Même ça, on ne le savait pas et on n'en parlait pas. Le rapport à la sexualité, c'était soit de se retirer, le fameux *coitus interruptus*, ou le préservatif. Très peu de gens utilisent les préservatifs et c'est une chose que je ne comprends pas.

Il y avait la fameuse méthode Ogino. On ne la pratiquait pas parce que c'était compliqué, la température. Donc on est restés très imprudents quand même, il faut bien le dire. On était imprudents. On aurait dû se renseigner davantage. Je ne sais pas exactement auprès de qui d'ailleurs, mais il y avait quand même des antennes du Planning familial, ou en tout cas de la documentation un peu à la rentrée universitaire, etc. Beaucoup axée quand même sur les MST, principalement. Et alors il y a autre chose. Il faut quand même savoir que la pilule existait depuis 1967. Là, nous sommes déjà en 1970, mais les décrets d'application, les pesanteurs… Donc on avait décidé que oui – la majorité était à 21 ans, je précise. La majorité était à 21 ans, pas à 18. Donc nous étions mineurs, tous les deux. Et en plus de ça, s'il existait effectivement une possibilité de se procurer la pilule, c'était avec l'accord des parents. Il fallait que les parents accompagnent, ou un parent au moins accompagne, la fille évidemment. Et c'était comme on a dit, je ne sais pas si on l'a bien dit, mais c'était inconcevable, presque, pour nous.

Alors moi je ne peux pas me mettre dans la situation parce que je n'étais pas, il faut le dire, vraiment concerné directement. Je ne pouvais pas prendre la pilule, moi je ne pouvais pas aller consulter. Mais alors, j'avais vu que Rita mettait des croix sur un calendrier qui était au mur. Je sais que je me suis dit : « Tiens, il y a juste une croix, est-ce qu'on a un truc de prévu ? » Et en tournant la page, je vois que le mois d'après il y avait aussi une croix. Donc j'ai demandé : « C'est quoi ces croix ? » Elle dit : « Ça te concerne un peu aussi, c'est les dates prévues des règles. » Et j'ai vu, je ne sais plus quand exactement, mais j'ai vu qu'il y avait un point d'interrogation. Mais je pensais que c'était inimaginable. Et j'ai vu le mois d'après qu'il y avait trois points d'interrogation. Donc elle me dit : « Oui et d'ailleurs, j'ai fait un test, je suis enceinte. » C'était une catastrophe. On était catastrophés.

RITA : Et paniqués.

GABRIEL : Et je crois me souvenir que dans les premiers jours, on n'arrivait presque plus à se parler. Parce qu'on pensait qu'à ça. On était tétanisés et maintenant, la seule chose, je savais autour de moi qu'il y avait des copains de fac qui disaient : « Oh là là, j'ai un souci, j'ai un souci. » C'étaient que des garçons. Mais je ne sais pas pourquoi, on pensait que ça ne nous arriverait pas. Et quand ça nous est arrivé, mais très tôt, puisque ça faisait peut-être trois ou quatre mois que nous avions des relations sexuelles, on va dire, plus habituelles. Et donc voilà, c'est arrivé très vite en fait.

RITA : Effectivement, c'était un rejet total, pour moi, c'était un effondrement. Parce qu'on avait autour de nous des couples étudiants. Et je voyais bien que c'était compliqué d'élever un enfant, de faire ses études. Et moi, j'étais ambitieuse. Je voulais faire autre chose de ma vie que d'avoir un enfant à 19 ans. Et les ambitions, je ne savais pas exactement ce que c'était, mais ce n'est pas être mère de famille et surtout ne plus être en mouvement. Nous, on avait l'impression que le monde nous appartenait, on voulait voyager, faire des découvertes et surtout être libres de faire ce qu'on voulait. Et puis on était bien conscients qu'on était jeunes. On avait 19 ans, on se voyait pas parents, ni l'un ni l'autre. Je ne me rappelle même pas les circonstances exactes de comment j'ai eu une adresse. Je pense qu'on discutait entre filles en cité universitaire, celles avec lesquelles j'étais restée en contact. J'ai eu ce contact et tout de suite, il était question d'argent. Donc ce médecin demandait quand même l'équivalent de ma paie, qui était 1 000 francs, pour poser une sonde. Je suis allée consulter. On est en 1970, je vais sur mes 20 ans. Je me dis que ça va marcher, puisque dans mon corps, je me disais qu'il régnait un tel sentiment de rejet que mon corps allait m'écouter. J'y suis allée toute seule. Ou tu étais avec moi ?

GABRIEL : Je t'ai accompagnée mais il m'a demandé de sortir tout de suite.

RITA : Oui, donc j'étais seule dans son cabinet à l'époque. Il n'estimait pas que ça nous concernait tous les deux. Je crois que Gabriel m'a accompagnée aussi parce que c'était quand même un truc louche de devoir apporter de l'argent à un médecin qu'on ne connaissait pas, ça frisait quand même les escroqueries, tout ça. Donc je dirais qu'en tant que compagnon-protecteur, il est venu avec moi.

Cette pose de sonde, je vous avoue franchement que j'en ai un souvenir extrêmement flou. C'était dans son cabinet. C'était un cabinet médical. C'était un généraliste. C'était pas un gynécologue. J'étais assez mutique. J'ai peu de souvenirs. Et il m'a dit : « Ça va marcher. » Il a expliqué, en très peu de mots, que cette sonde devait provoquer l'avortement et qu'après je devrais faire un curetage. C'est tout ce qu'il a dit. Ensuite, dans les semaines d'après, j'avais des saignements, mais on ne savait pas ce qui se passait, en fait. Jusqu'à ce que je me dise : « C'est pas normal. C'est pas normal. Je crois que je suis toujours enceinte. » Et donc après, il a fallu se rendre à l'évidence que j'étais encore enceinte. Et là, on passe vraiment à un stade de panique. Parce que là, on est au-delà des trois mois. Et j'entends parler de ces possibilités d'avortement en Allemagne. Avec des adresses qui circulaient sous le manteau. Et j'ai pris rendez-vous pour une consultation où Gabi m'a accompagnée, en Allemagne. Mais entre-temps, il a fallu qu'il récupère l'argent.

GABRIEL : Moi, je me souviens quand même qu'à un moment donné, on croyait que c'était bon. Puisque nous sommes allés pour ton anniversaire à Paris. C'est la première fois qu'on allait ensemble à Paris. On était soulagés, et peu de temps après, donc on devait être au mois d'avril, déjà, il s'avère que non, elle était toujours enceinte. Et donc elle a obtenu cette adresse-là à Sarrebruck. C'est la ville qui faisait frontière avec le patelin où je vivais. Je vivais à vingt minutes de marche. Et voilà, donc moi je l'ai accompagnée jusqu'en ville, mais après j'ai attendu parce que je me disais : « Ça va encore être : pas question. » Et donc ça c'était une consultation, on va dire exploratoire. Et ils demandaient la même somme, pratiquement. Ils demandaient même un peu plus. Parce que le taux de conversion était… Voilà, ils demandaient 1 000 marks. Ça faisait environ 1 100, 1 200. Mais il nous fallait vraiment récupérer l'argent.

RITA : Autour de moi, personne n'en avait. Il était hors de question de s'adresser à des adultes ou nos parents. Donc Gabi a décidé de voir le médecin qui avait posé la sonde en disant : « Ça n'a pas marché, vous nous rendez notre argent. »

GABRIEL : Ça s'est mal passé, parce qu'il m'a dit : « Écoutez, moi j'ai fait ce que j'avais à faire, je peux pas vous garantir le résultat, chez les autres ça marche. » Voilà, j'ai dit : « Oui mais là ça n'a pas marché, donc je veux que vous m'en restituiez la somme. » D'ailleurs je ne me suis pas assis, je me souviens que je suis resté debout et qu'il était assis, il m'a dit : « Écoutez monsieur, sortez. » « Je vais sortir, je lui ai répondu, mais j'irai au commissariat, à l'autre bout de la rue. » Donc il a voulu d'abord me retenir, mais j'étais menaçant, je le dis franchement. Il a commencé par me rendre une partie, 600 ou 700, j'ai dit que je voulais la totalité, les 1 000 francs tout de suite – mais c'était pas du tout un cabinet au fond d'un couloir, c'était sur une avenue, une grande avenue de Strasbourg, un cabinet avec secrétaire, etc. Comprenez bien : on n'est pas du tout dans la faiseuse d'anges. Et donc finalement, je me souviens, il a rouvert le tiroir, il a dit « voilà », j'ai pris l'argent, je suis parti.

RITA : Ma détermination était totale. Mais on a quand même un profond sentiment de solitude parce que dans ce cabinet en Allemagne, il m'a gardée, et là j'étais seule, donc il a fait l'intervention et il m'a gardée la nuit. C'étaient des piqûres qui devaient provoquer des contractions et l'expulsion, puisque moi j'étais déjà dans un stade qui dépassait les trois mois. Il a dit : « Vous allez avoir très mal parce que, voilà, il va y avoir les contractions, de fortes douleurs puisque votre corps n'est pas prêt. Mais c'est la seule façon d'avorter, d'expulser. » Il m'a administré ces piqûres et m'a gardée dans le cabinet. Et j'ai dû reprendre le train au petit matin, pour Strasbourg, et là j'ai commencé vraiment à avoir très, très mal.

GABRIEL : Donc le lendemain, je suis allé au premier train, j'ai attendu, j'ai attendu et je crois que tu es venue au milieu de la matinée.

RITA : Et là j'étais tordue de douleur dans le train et épuisée, physiquement, moralement. J'avais pris contact, au préalable, avec un gynécologue parce qu'on m'avait dit : « De toute façon, il faut que tu aies un curetage. » Et donc c'est ce qui s'est passé. On a appelé ce gynécologue, le jour de mon retour, et il est venu. Il est venu le lendemain pour ce curetage. Il a fallu lui donner notre adresse, il s'est déplacé avec sa malle, ses instruments. Et la grossesse avait provoqué chez moi une fragilité capillaire, une fragilité veineuse, et il n'a pas pu m'anesthésier pour le curetage. Et à un moment donné, il a ce mot malheureux, il dit : « Mademoiselle, à la guerre comme à la guerre, je vais devoir vous faire un curetage à vif. » Je lui ai juste dit : « Mais docteur, on n'est pas en guerre. » Donc ça, c'était très brutal. Et j'avais l'impression que j'étais passée dans une autre réalité, j'étais chez moi dans mon appartement, avec cette personne qui me dit « à la guerre comme à la guerre », le décalage était total. Mais on était toujours tous les deux, ça a beaucoup aidé.

Une immense douleur. Et surtout le sentiment de ne pas compter, que finalement un corps de femme est… peu de chose. On peut lui faire n'importe quoi.

GABRIEL : Quand Rita est revenue de Sarrebruck, elle ne tenait plus debout. Mais ça a encore duré des heures, toute la nuit, et elle a expulsé le fœtus au petit matin. Il n'y avait pas de toilettes dans l'appartement, mais des toilettes sur le palier. Donc elle a expulsé le fœtus sur la cuvette. Et elle est revenue en titubant je me souviens. Et donc dès 8 heures, j'ai appelé le médecin et il m'a dit : « Je vais venir. » J'ai dit : « Mais quand ? » Et il me dit : « Monsieur, j'ai dit je vais venir, je vais venir le plus rapidement possible. » Donc on a encore attendu. Et je crois entre 9 heures et 10 heures, comme ça, en début de matinée, il est effectivement venu. Mais c'étaient des moments de tension terrible parce que je me disais « mais est-ce qu'il va venir ? ». Il fallait absolument, pour éviter les septicémies, les complications graves éventuellement, il fallait que ce curetage soit fait. Après, il a quand même essayé à plusieurs reprises l'anesthésie.

RITA : Il n'avait pas plusieurs types d'aiguilles avec lui, il avait le minimum. Il a fait ce qu'il a pu.

GABRIEL : Mais ça a été… Une boucherie. C'était… voilà, il y a pas de… c'était… Avec les racloirs des trucs, etc. Et comme il y a toujours des moments dérisoires, donc j'avais pas bien compris où je… en ayant la tête ailleurs, etc. Il voulait être payé aussi, pour son intervention. Ce qu'on trouvait normal, je veux dire, voilà. Je lui ai donné, je crois, 200 francs. Il me dit : « Non, c'est 250. » Je lui ai dit : « J'ai pas mais je passe dans la journée, je passe au cabinet. » Et il m'a dit : « Surtout, vous ne passez pas à mon cabinet. Et vous oubliez qui je suis. »

Il est parti et a dit : « S'il y a quelque chose, vous allez à l'hôpital, mais vous ne parlez pas de moi. Vous direz qu'il y a eu une fausse couche. Et vous ne direz rien d'autre. Par contre, il faut absolument faire disparaître le fœtus. » C'était quand même déjà un fœtus de trois-quatre mois, donc il a fallu le faire disparaître. J'ai fait ça avec un proche. On fait des trucs dans ces cas-là totalement… On réfléchit pas. Donc, on est allés sur un chantier universitaire, enfin… On va dire dans l'enceinte universitaire de Strasbourg, où ils faisaient de nouveaux bâtiments, et c'étaient d'anciennes casernes, donc c'était un chantier de démolition. Avec la personne qui était avec moi, on s'est dit : « Bon, comment est-ce qu'on fait ? » « Oui, mais attention, après ils peuvent peut-être retrouver par le facteur rhésus, etc. » On entend des choses comme ça. Donc j'ai dit : « Ah ben ce qu'on peut faire c'est acheter de l'essence et on brûle. » Donc c'était une idiotie incommensurable, parce que faire de la fumée, etc. Mais on est allés chacun acheter deux-trois petites bouteilles d'essence à briquet. Et voilà. Et donc on a fait ça comme ça. Il y en a un qui surveillait, l'autre… Oui, c'est ça aussi, les avortements clandestins.

Et je me souviens que pendant ma deuxième année de fac, j'avais eu cours de droit pénal. Et notre prof de droit pénal nous avait donné différents exemples de ce que c'était que celui qui commet le crime, ce que c'est que la complicité, la différence avec le coauteur, donc il avait donné entre autres exemples l'avortement, en expliquant que, oui, conduire une jeune femme chez un médecin, eh bien vous êtes complice. Et si vous participez à la rémunération, aux frais, au paiement, eh bien c'est encore une complicité plus grave par fourniture de moyens.

Il est bien évident, enfin, moi je n'en parlais pas à Rita, parce qu'elle avait de bien plus graves soucis, mais moi je savais qu'on aurait été tous les deux radiés, avec cet ami qui travaillait aussi dans l'administration, puisqu'on aurait eu un casier judiciaire. Même si ça n'allait pas plus loin, mais il est certain, pratiquement certain qu'on nous aurait immédiatement radiés, enfin, de la fonction publique. Donc oui, il y avait un vrai risque.

RITA : Mais moi je n'y pensais pas à ce risque, ce risque-là, non. Moi, j'avais l'impression qu'à un moment donné, il fallait que je sauve ma peau. C'est-à-dire, je suis tombée gravement malade après l'avortement, je ne pesais plus que 42 kilos. J'étais très mal, physiquement. Et je crois que c'est là que ma mère est venue à Strasbourg, et je crois qu'elle a compris qu'il y avait ces langes ensanglantés encore dans la corbeille. Et je crois qu'elle a compris qu'il s'était passé un truc. Nous n'avons pas parlé à ce moment-là, mais je dirais qu'elle a récupéré sa fille pour me soigner, pour que je sois à la maison chez elle, pour me retaper. Et ça, je voyais quand même qu'elle était complètement désemparée que j'avais dû faire face à tout ça. Et on en a parlé plus tard, mais pas du tout sur le moment. Il n'y avait que quelques amis proches qui étaient au courant. Ils ne connaissaient pas les détails. Ils savaient juste qu'on avait un problème et qu'il était question d'avortement. Mais on peut dire que ce drame, on l'a vécu tous les deux. C'était surtout ça. C'étaient nous deux.

Après, j'ai ressenti que c'était terminé, enfin terminé. Après, assez rapidement, j'ai eu un sentiment de rage, de rébellion. De rage contre la façon dont tout ça se passe. La rage d'être une femme à qui tout peut arriver, que tout doit être tu, qu'on doit prendre sur soi, qu'on compte pour pas grand-chose. Donc c'est là que j'ai compris, que je dirais pas que ma vie était en danger, mais c'est vraiment cette façon de ne compter pour rien. Et que ça m'a donné une rage contre cette société qui est en quelque sorte institutionnalisée. Que tout ça devait paraître normal, et surtout, ne pas en parler. Puisque ça a encore continué bien des années, jusqu'à ce qu'on puisse avoir une contraception, jusqu'à ce que la loi Veil soit votée. On était aussi dans le début des groupes féministes, ou de libération de la femme. J'ai tout de suite adhéré à ça. Et je suis devenue militante. Mais il y avait aussi d'autres femmes qui étaient plus âgées ou des femmes du monde du travail. C'était dans un quartier de Strasbourg. Mais assez rapidement, il y a des choses qui ne me convenaient pas dans ce groupe-là parce qu'elles avaient un discours complètement anti-hommes. Or moi, j'avais vécu cette expérience avec lui. J'étais dans un monde où je voulais que ça change mais avec les hommes à nos côtés. Et finalement, j'ai été exclue du groupe féministe en question. Et il en reste quelque chose encore maintenant. La dernière manif qu'il y avait à propos de l'avortement à Strasbourg, puisque la loi venait quand même d'être votée dans la Constitution, il y avait une leader féministe qui a pris le mégaphone et qui a dit : « Les hommes derrière, pas d'hommes dans le début de la manif. » Et je lui ai dit : « Non, je ne suis pas d'accord. Les hommes avec nous. » Et c'est aussi grâce à eux que la loi a été votée. Donc vous voyez, je m'identifiais pas à ce discours ultra qui prônait une espèce d'hostilité vis-à-vis des hommes dans notre société. Oui, effectivement, les hommes ne sont pas nos alliés dans certains cas mais là, ce n'était pas du tout mon combat. Je trouvais qu'on se trompait de combat.

JACKY
UN COMPAGNON DEVENU AVORTEUR

Né en 1949 en Charente, 75 ans

Jacky le dit : il n'avait pas particulièrement vocation à devenir faiseur d'anges ou avorteur, ni à se mobiliser pour la cause des femmes. D'ailleurs, il n'a jamais été militant, mais a « rencontré » l'avortement clandestin à travers l'une de ses petites amies, à son arrivée à Paris.

Je suis arrivé à Paris le jour de mes 18 ans. Peu de temps après mon arrivée, j'ai vécu avec une fille un peu plus âgée que moi, 20 ans, 21 ans. Et puis, un matin – je travaillais la nuit, dans l'administration – il y a deux-trois filles qui m'attendaient devant chez moi. Alors c'était l'hôtel au mois, vous voyez, à l'époque c'était comme ça à Paris, un hôtel au mois. Elles me disent : « Jacky, ta copine, elle n'est pas bien du tout, elle saigne beaucoup », alors moi je pensais à un accident. Elle dit : « Elle s'est fait avorter, donc si ça ne va pas bien, tu appelles les secours. »

Et quand je suis arrivé dans la chambre, je l'ai vue livide, totalement inerte, elle avait perdu connaissance. Et elle saignait beaucoup. J'ai passé des heures, des heures à… Pas à stopper, parce que c'est pas possible à stopper, mais à « éponger ». Alors tout y est passé, le linge de toilette, mes tee-shirts et tout, pendant des heures et des heures. Et après, elle a ouvert les yeux, elle était blanche. Alors que c'était une Marseillaise, vous voyez, le teint un peu mat. Et là… Enfin, elle respirait, ça va, mais… Donc je ne voulais pas prévenir les secours : déjà, le téléphone, il fallait aller dans un café, je ne sais où. Et puis j'avais peur, étant dans l'administration. Et puis si on m'accusait, mais ce qui est totalement ridicule, avec le recul… On ne pouvait pas m'accuser, j'étais au travail. Ce n'est pas moi qui ai fait ça. Et si elle était décédée, là, ça aurait été de ma faute. Donc c'est ridicule, mais voilà, on a 18 ans, on débarque à Paris, on voit ça. Là, ça vous arrive à vous.

J'ai compris seulement plus tard qu'elle-même pratiquait des avortements sur d'autres filles. Quelques mois après ça, je suis parti à l'armée. Quand je suis revenu de l'armée, on s'est remis ensemble. Puis ça a duré quelques mois, puis ça s'est arrêté là, en se quittant bons amis. Elle m'a dit qu'elle allait repartir à Marseille et me demandait si elle pouvait juste me laisser « un paquet ». Elle m'a dit : « Tu gardes ça, je repasserai le reprendre un jour. » Elle a ouvert et, à l'intérieur, il y avait un spéculum, une aiguille à tricoter et une gaine. Une gaine en plastique mi-flexible, mi-dure. Et elle m'a expliqué, elle m'a fait une démonstration, voilà, elle me dit : « Tu vois… col de l'utérus, tu perces là. »

Je m'étais mis avec une autre fille, qui est elle aussi tombée enceinte… Un jour la police est venue chez moi le matin, ils m'ont dit de les suivre au quai de Gesvres. J'y suis allé, et en face de moi, il y avait la fille, ma petite amie, qui était mineure, parce que la majorité était à 21 ans. Elle vivait en foyer, mais elle s'échappait régulièrement. Et là, dans la salle de police, j'étais confronté à elle. Elle était en face de moi. Et le policier m'a dit : « Elle est enceinte de vous, soit vous vous mariez avec elle, soit vous allez en prison. » Il n'y a pas beaucoup de choix. Alors j'ai dit que je ne voulais pas aller en prison et que je ne voulais pas me marier non plus. Et puis, bon, ça s'est arrêté là. Il m'a mis en garde de ne plus vivre avec elle ni rien. Je lui ai demandé s'il y aurait des suites, parce que travaillant dans l'administration, mais il m'a assuré que non et je suis reparti. À ma grande surprise, il y avait la fille qui m'attendait un peu plus loin sur le trottoir. Je l'ai fait venir chez moi. Et je lui ai proposé. Elle m'a dit oui. Et donc, ça s'est fait. J'avais très peur, plus peur qu'elle. J'avais peur de lui faire mal. J'avais peur, mais finalement, c'est pas douloureux du tout. Enfin… D'après ce que j'en sais, d'après le témoignage des filles.

Donc le spéculum et puis ensuite l'aiguille avec la gaine autour. Le col de l'utérus, le petit passage, introduire l'aiguille avec la gaine, retirer l'aiguille et la gaine qui dépasse du vagin. Voilà. Et c'est assez rapide après pour que la fille perde les eaux. Mais j'avais peur de lui faire mal, parce que là, c'était la première fois. J'avais peur de rater. Vous savez, quand vous ne connaissez pas du tout, c'est quand même un geste… Oui, qui me faisait peur au début. Percer, je me dis : « Percer, je vais lui faire mal. » Non, elle n'a rien senti du tout. Voilà.

Donc, j'ai eu plus peur qu'elle. Après, ça a été mieux.

On n'avait plus le droit de se revoir, elle était tout le temps en fuite des foyers où elle était hébergée comme mineure, et j'ai su qu'elle était retombée enceinte de moi, sans pouvoir avorter, et qu'ils l'avaient obligée à s'installer dans le département de Belfort, pour rompre avec ses fréquentations. Beaucoup plus tard j'ai fait plein de recherches pour la retrouver, elle et l'enfant. Mais avant ça, avant de quitter la région parisienne, elle avait parlé autour d'elle… Donc, un soir, j'ai rencontré une jeune femme qui est venue vers moi. Elle m'a dit : « C'est toi, Jacky ? Voilà, je suis enceinte. Il paraît que tu… » J'ai accepté, je lui ai fait. Et après, sans en parler à personne, toujours pareil, dans le quartier, ça s'est su. Donc j'ai pratiqué, je ne sais pas, dix, douze fois environ.

Ça ne me fait pas vraiment plaisir. Ça me fait plaisir après, une fois que je l'ai fait. Avant, non. Parce que quand même, je sais qu'il y a des risques, mais je n'en suis pas vraiment conscient. Ça m'est égal. Ce que je vois, c'est surtout la fille. Sauvée. Parce que ceux qui sont contre l'avortement, d'accord. Mais je ne sais pas s'ils se sont imaginé avoir en face d'eux une fille qui a 17 ans qui se retrouve enceinte, seule, perdue, sans boulot, sans rien. Qu'est-ce qu'elle va faire de cet enfant ? Et l'enfant, qu'est-ce qu'il serait devenu ? Donc moi je ne regrette absolument pas ce que j'ai fait. Ça serait à recommencer, là je le referais. Pour moi, j'ai rendu service à ces filles. D'autant plus service que je n'ai jamais demandé le moindre centime. D'ailleurs, avec quoi auraient-elles payé ?

Chapitre 10

Leurs enfants après elles

« Le scandale persiste. Chaque année 1 500 000 femmes vivent dans la honte et le désespoir. 5 000 d'entre nous meurent. Mais l'ordre moral n'en est pas bousculé. On voudrait crier. »

Manifeste des 343

« Près de la moitié des interruptions volontaires de grossesse dans le monde sont pratiquées dans des conditions sanitaires mettant la vie des femmes en danger, par une personne qui n'a pas les compétences nécessaires et/ou dans un environnement où les normes minimales médicales ne sont pas respectées. Chaque année, 7 millions de femmes sont hospitalisées à la suite d'un avortement réalisé dans de mauvaises conditions et 39 000 y laissent leur vie. »

« Rapport d'information du Sénat »,
novembre 2023

Dans le podcast intitulé « Gisèle Halimi, la fauteuse de troubles[1] », l'un de ses fils témoigne : devenu avocat, Jean-Yves Halimi se souvient d'une anecdote de son enfance. Sa mère, déjà avocate, subissait de très nombreuses et sérieuses menaces à caractères raciste, colonialiste, antisémite, et sexiste, en fonction des opposants à ses différents combats. À la maison, se souvient son fils, ils avaient même l'habitude de recevoir des mini-cercueils fabriqués dans du carton. Lui les récupérait et s'en fabriquait des garages pour ses petites voitures. Parfois, sur le cercueil en carton étaient dessinées des étoiles de David ou inscrites des insultes sexistes. Dans ce cas, Gisèle Halimi retirait le couvercle avant de les lui donner. Mais Jean-Yves détestait ça : on privait ses petites voitures de toit ! Lors de sa plaidoirie à Bobigny, Gisèle Halimi se déclare d'emblée être une femme avortée. Un peu après, elle évoque (et dit même avoir voulu convoquer à la barre) ses deux fils aînés, âgés de 17 et 20 ans. Ce qui se trame entre les lignes est ceci : on peut avorter et devenir mère, on peut aussi être déjà mère et avorter, c'est même la

1. Par Ilana Navaro, cinq épisodes diffusés en juillet 2021 sur *France Culture*, podcast ici : https://www.radiofrance.fr/franceculture/podcasts/serie-gisele-halimi-la-fauteuse-de-troubles

majorité des cas, comme le rappelle Simone Veil deux ans plus tard devant l'Assemblée.

L'avortement clandestin tue. Des femmes sont mortes, et après ? Après sont restés parfois des enfants, les leurs : la collecte le montre et leur fait une place. Elles laissent alors un deuil d'une extrême violence – d'autant plus lorsqu'il est l'objet d'un tabou, voire d'un secret de famille. Comment grandit-on, comment se construit-on après un tel drame ? La collecte donne aussi la parole à cette génération d'après, qui, maintenant, sait.

Mireille P.

De la perte de la mère au militantisme

Née en 1937 en Isère, 87 ans

Dernière fille des six enfants que ses parents ont eus, Mireille P. naît dans un milieu modeste, de paysans de l'Isère, où le contrôle de la natalité semble inexistant, inconcevable. Elle a 13 mois lorsque sa mère, un jour, part pour « l'hôpital », et n'en revient pas.

Lorsque je l'ai perdue, j'avais 13 mois. J'étais un bébé. Je sais seulement que je n'ai pas arrêté de pleurer pratiquement pendant un an. J'avais perdu l'odeur de ma mère, la chaleur de ma mère. Mais mes sœurs m'ont raconté, parce que mes sœurs, elles, elles ont compris. L'aînée avait 7 ans. Elles avaient entendu les voisines dire le mot « morte ». Ça a été quelque chose d'affreux. Mon père avait beaucoup de chagrin, évidemment, puis elles voyaient bien qu'elles avaient plus de mère. Mais elles n'avaient pas très bien compris pourquoi. Ma mère était allée à l'hôpital, et puis voilà, elle avait dû être malade. Comment voulez-vous ?

Mais les voisines nous aidaient beaucoup, et elles disaient à mes sœurs que, voilà, maman était morte parce qu'elle avait pas pu accoucher. Elle n'avait pas pu accoucher. Vous vous rendez compte ? C'est assez curieux comme expression. Et moi, au fur et à mesure, j'ai des oreilles et j'écoute, et je comprends. Plus tard, plus tard. Parce que là, je suis un bébé et c'est le grand bouleversement. On ne dira jamais assez à quel point cette tragédie a fait du mal à ma famille. D'une façon extraordinaire. Moi, je n'oublierai jamais ça. Ça nous a traumatisés. Complètement.

À ce moment-là, je suis placée chez une tante qui me garde pendant longtemps. Les quatre autres filles, chez ma grand-mère. Ma pauvre grand-mère, elle s'attendait pas du tout à être obligée de récupérer quatre petites filles comme ça. Et donc, elle s'en occupe comme elle peut. Surtout que mon père est obligé de recommencer son travail à l'usine. Il descend dans la vallée, il recommence à l'usine, en papeterie. Mais il s'occupe de la ferme. Il achète des vaches. Il fait son boulot de fermier pour nourrir ses filles et sa mère, évidemment.

Vers l'âge de 7 ans, je commençais à poser des questions à savoir que ma mère était morte parce qu'elle avait été – je traduisais ça comme ça – opérée, parce qu'elle ne voulait pas d'un sixième enfant. Mais après, très rapidement, j'ai commencé à comprendre le mot « avortement ». Puis j'ai demandé, moi, j'interrogeais. Je cherchais, d'année en année. J'ai beaucoup parlé aux voisines, qui étaient parfaitement au courant que ma mère n'acceptait pas l'étreinte la nuit. Je parle comme ça, tout le monde comprend. Et qu'elle protestait. « Non, non ! » En fait ma mère, elle n'avait aucun moyen de limiter les grossesses, et mon père ne cherchait pas non plus.

Dans la classe ouvrière, puisque mon père était ouvrier, il y avait quand même des ouvriers qui étaient capables de faire attention. On leur donnait des méthodes, se retirer. Ça marchait pas toujours, mais on pouvait quand même arriver à se limiter. Les capotes, ce qu'on appelait les « capotes » à ce moment-là, qu'on appelle maintenant « préservatifs », ça existait aussi à ce moment-là. Donc, il fallait les chercher, les moyens, et il ne les cherchait pas. Ma mère avait avorté plusieurs fois et s'en était tirée, jusqu'à celui-là.

Ce dernier avortement, ce que l'on m'a dit, c'est qu'elle avait essayé – elle avait dû faire autrement les autres fois – l'injection de Javel. Donc elle a été empoisonnée et elle est morte à l'hôpital. Faut-il être désespérée ?

D'abord, l'avortement était interdit. Alors là, absolument interdit. Mais les femmes le faisaient, les femmes le pratiquaient quand elles en avaient besoin. Et puis, on pratiquait l'omerta. C'est une espèce d'omerta qui est organisée, parce que c'est interdit aussi par la religion. Attention, les femmes qui avortaient, c'étaient des pécheresses, des grandes pécheresses. Et puis, alors il y avait cette idéologie religieuse, moitié religieuse, elle imprégnait toutes les mentalités, et c'était la honte. Alors si la femme n'était pas mariée, alors là je vous dis pas, il y avait un contrôle de la virginité des filles, et si elles avaient, on appelait ça « fauté », c'est une faute, de faire l'amour sans mariage, n'est-ce pas ? Alors c'était la honte. Les filles mères, mais c'était l'opprobre, complètement.

Mais quand j'ai vraiment compris ce qui était arrivé à ma mère, ma vie a basculé. Je me suis rendu compte des injustices. Ça m'a rendue ce que je suis. Je suis devenue féministe. J'ai défendu les droits des femmes toute ma vie. J'ai défendu l'éducation, j'ai défendu l'école publique et laïque qui m'a permis de devenir institutrice. Quand même, avec tous les problèmes que j'ai eus. Parce que je n'en ai pas fait qu'un, un placement, j'en ai fait cinq.

Ça n'a pas été facile parce que moi aussi j'ai connu l'avortement. Étant donné que j'ai vécu une moitié de ma vie avec la loi, et la première moitié sans la loi. Donc j'avais moi aussi ces problèmes, mais j'avais des compagnons, un mari, j'ai eu un mari qui essayait de faire attention, mais on ne peut pas tout maîtriser. Vous savez, la méthode Ogino, elle en a fait des enfants.

Mes avortements, c'est quand d'abord j'étais jeune mariée et je ne voulais pas un enfant tout de suite. Ça, ça a été le premier. Difficile, mais qui est passé quand même. Le deuxième, c'est là où j'ai fait une infection, s'est moins bien passé. Parce que là, bon, je croyais aussi en mon compagnon, je croyais, je lui avais dit qu'il fasse attention. Et le dernier, c'était juste avant la loi. Alors là, juste avant la loi, j'étais une femme, j'avais un compagnon, mais la gynéco, il y en a eu des accidents comme ça. La gynéco me dit : « Ça fait un moment que vous prenez la pilule », puisque je prenais la pilule, « il faut arrêter maintenant ».

Alors là, le troisième avortement. Mais nous, les filles, mes sœurs et moi, on en a toutes fait des avortements avant la loi, bien sûr, puisque c'était avant la loi. Et on a toutes pensé à elle, bien sûr. Alors c'est une merveille, cette loi.

Avant la loi Veil, j'ai milité avec toutes les associations qui défendaient la loi. Mais il y en avait beaucoup dans l'extrême gauche, la gauche, tout ça. Alors nous participions à des débats. Et nous militions, nous faisions des manifestations. Et alors, à la fin, quand vraiment c'était sur le point d'arriver, nous faisions des manifestations monstres pour la loi Veil. Mais en face, il y avait les manifestations de la droite et de la droite religieuse. Il y avait tous les prêtres qui étaient dans la rue et le chœur des esclaves. Vous savez « la la la la ». Alors quand on les voyait passer, on comptait. Quand ils étaient plus nombreux que nous, on était désolés et on disait : « La prochaine fois on va essayer de faire plus. » C'était une bagarre, ça a été une bagarre monstre à laquelle j'ai participé dans les débats et dans les manifs. Et quand la loi Veil est venue, quelle délivrance, vous savez ! Alors j'ai pensé à ma mère, j'ai écrit une lettre à Simone Veil, et j'ai fait un article qui s'appelait « Une loi pour ma mère ». En sa mémoire. Dans l'article, je dis : « C'est une loi pour ma mère », et je dis comment elle est morte. Je fais que cette loi, il n'y aura plus de mort par avortement. Il faut que dans les autres pays, elle existe aussi et que les femmes soient maîtresses de leur corps. Leur corps est à elles. Il n'est pas à l'État, il n'est pas à leur mari, qu'elles soient libres de faire des enfants ou non.

Mireille B.

« Maman est morte », une omerta

Née en 1958 dans les Landes, 66 ans

Mireille B. grandit dans une famille d'agriculteurs, à la ferme, dans un village rural de 1 500 habitants. Sa mère a six enfants. Elle leur inculque une éducation religieuse. Une nuit, elle a « un souci » – et ne revient pas.

Un soir, on se couche, un coucher comme d'habitude. C'était au mois de février 1968, on était au coin du feu. Moi, j'avais 9 ans et demi. Le lendemain matin, pour aller à l'école, on se lève. « Ah mais, il n'y a pas maman. » Maman était là pour le coucher, mais maman n'était pas là pour le réveil. Elle était partie à l'hôpital parce qu'elle avait eu « un souci ». Vous savez, les enfants à l'époque n'étaient pas investis dans la vie familiale comme maintenant, surtout à la campagne. Donc, c'est comme ça, c'est comme ça. Maman est pas là, et voilà. Donc nous sommes allés à l'école ce jour-là, je crois bien. Et le lendemain, nous n'avons pas été à l'école. Nous avons été séparés, les trois filles dans une famille et les trois garçons dans une autre. De la famille à nous.

On ne s'est pas posé une question. Franchement, je ne me suis pas posé une question.

Et ce soir-là, on a dormi tous les trois dans le lit de mon père, mon petit frère et moi. Et je me souviens encore, mon père, qui a fait le geste de la mère, caressant, ici, derrière la tête, me disant : « Pauvre Mireille. » J'avoue, j'ai pleuré, mais je ne sais pas pourquoi. Voilà, c'est tout. Et le lendemain, tous les enfants ont été réunis ensemble à la maison. Et mon frère, le second, celui qui est après moi, me dit : « Tu sais pas, j'ai entendu que maman était morte. » Je lui dis : « Non, c'est pas possible, tu te rends compte de ce que tu dis. » Et la journée s'est passée. Et ce n'est que dans l'après-midi, où les institutrices sont venues nous annoncer que notre maman était décédée et qu'elle était enterrée. Ma grand-mère paternelle, qui après s'est occupée de toute la fratrie, nous a amenés au cimetière : « Voilà, maman est là. » Vous pleurez, vous réagissez, vous réalisez. La vie continue, vous êtes des enfants.

« Maman est morte », point, c'est tout. Elle est partie. Ce n'est qu'à l'adolescence, en discutant un petit peu, avec des copines, avec des parents éloignés, qu'on a commencé à avoir quelques bribes de ce qui s'était passé. On savait qu'elle était enceinte, qu'elle était enceinte du septième, et qu'elle avait fait une fausse couche, soi-disant. Que le bébé était mort, voilà. Que le bébé était mort et que c'est à la délivrance, malgré tout le sang qu'on lui donnait, qu'elle a fait une hémorragie et ne s'est pas réveillée.

Plus tard, à 16-17 ans, j'ai commencé à poser des questions, à demander dans tous les sens. Parce qu'en discutant avec une copine, elle me disait qu'il y avait un médecin, dans le coin, qui était connu pour faire des avortements. Et j'ai fait le rapprochement, j'ai fait le lien : parce que ma mère est morte en février 1968, et ce médecin, au mois de mars-avril, a quitté le village. Il est parti avec toute sa famille. Il avait deux filles et une fille plus jeune que moi, on était à l'école ensemble, on était copines. Et à Pâques, j'ai reçu une carte, une carte de Pâques, de cette fille qui s'appelait Carole, et j'ai trouvé bizarre, parce qu'elle me souhaitait du courage. J'ai trouvé ça vraiment bizarre, c'est resté enfoui dans ma tête. Et puis, je devais avoir 10 ans, même pas. C'était très peu de temps après le décès. Et quand j'ai discuté avec ma copine plus tard, qui me dit qu'il était donc connu pour faire des avortements, je me suis dit : il avortait, il est parti, j'ai reçu des encouragements – est-ce que ma mère, puisque c'était une fausse couche, mais est-ce que ça ne vient pas de ça ? Et j'ai posé la question à mon père. Je lui ai dit, mais le médecin, il est parti juste après le décès de maman, il n'y est pas pour quelque chose ? « Oh bah, non, non », il m'a dit.

Petit à petit, j'ai continué à grandir avec ça, 18, 19 ans, sans poser de questions. Et c'est ma sœur qui, un jour, un peu plus tard, a pris rendez-vous avec le gynécologue qui s'était occupé de ma mère. Elle a pris rendez-vous comme si c'était un rendez-vous normal. Lui se souvenait très, très bien de ce dossier. Il lui a même sorti le dossier. Il lui a dit que oui, effectivement, il se souvenait très bien, que c'était quelqu'un qui était arrivé, qu'elle faisait une fausse couche spontanée ou provoquée. Et quand on a dit « fausse couche, spontanée ou provoquée », moi j'ai tout de suite pensé : provoquée. Dans ma tête, c'était provoqué.

C'est revenu parce que j'ai perdu mon papa il n'y a pas longtemps. Et il s'est enfin libéré ! Pas en totalité, parce que quand j'ai voulu poser plus de questions, il m'a seulement répondu : « C'est de l'histoire ancienne, on n'en parle pas. » Donc j'aurai toujours des questions, mais j'ai eu la confirmation que ma mère s'était fait avorter par le médecin qui a quitté le village dès qu'elle est partie, dès qu'elle est décédée. Apparemment, ma mère aurait été abusée par un homme qui était venu en vacances chez des voisins du village. Et comme ma mère était très féconde, je pense que mon père ne savait pas si l'enfant était de lui ou de ce monsieur. Ce vieux monsieur a insisté pour qu'elle se fasse avorter. Mon père savait tout ça, il était au courant. La question que je me pose, c'est : est-ce que c'est mon père qui l'a forcée à avorter, ce qui fait qu'il a porté sa mort toute sa vie sur la conscience ? Ou est-ce qu'elle était d'accord ? Ça, c'est la question qui est restée en suspens. Que je n'ai pas pu éluder avant le décès de mon père, trois, quatre jours avant, où il s'est libéré de ce poids. Il n'a pas voulu en dire plus, pourtant j'ai insisté.

Enfin pour moi, à 64 ans, c'était le fin mot de l'histoire : ma mère est décédée parce qu'elle a voulu se débarrasser, ou on l'a forcée à se débarrasser d'un enfant qui était peut-être de mon père, mais plus probablement d'un viol.

Chapitre 11

Mémoires de filles – le trauma, ou pas

« Depuis des années, je tourne autour de cet événement de ma vie. Lire dans un roman le récit d'un avortement me plonge dans un saisissement sans images ni pensées, comme si les mots se changeaient instantanément en sensation violente. De la même façon, entendre par hasard *La Javanaise*, *J'ai la mémoire qui flanche*, n'importe quelle chanson qui m'a accompagnée durant cette période, me bouleverse. »

Annie Ernaux, *L'Événement*

Nous sommes le 13 octobre 1972. Sur Antenne 2, Jean-Pierre Elkabbach commence son émission de débat en direct : « L'avortement en France est devenu un fait social et médical que la loi n'a pu ni empêcher ni réduire malgré sa rigueur. On évalue à près de 3 000 le nombre quotidien d'avortements clandestins, donc illégaux et lourds de drames. En moins de quarante-huit heures, trois événements sont venus rappeler la brûlante actualité de ce problème : le procès d'une mineure de 17 ans, Marie-Claire Chevalier, poursuivie pour avortement et relaxée par le tribunal pour enfants de Bobigny ; trois propositions de loi à l'Assemblée nationale ; et un sondage de *Sud-Ouest* révélant que 63 % des Français se prononcent en faveur de la liberté totale de l'avortement. » Pour participer en direct à un tel débat « longtemps frappé de toutes sortes de tabous », Jean-Pierre Elkabbach reçoit le docteur Albert Netter, chef du service de gynécologie de l'hôpital Necker, et Lucien Neuwirth, député UDR, questeur de l'Assemblée nationale, père de la loi sur la contraception ; on entendra aussi des témoignages d'hommes et de ministres. Delphine Seyrig intervient en tant que « témoin surprise » – placée dans un autre studio, l'actrice et figure du féminisme a assisté aux débats qui précèdent et on lui demande enfin sa « réaction ». Elle a un certain magnétisme, un ton immédiatement déterminé et ne cache pas sa colère : « Oui, je sens que je ne vais pas avoir beaucoup l'occasion de parler, commence-t-elle. On a de nouveau parlé de traumatisme. Je dis qu'il est plus traumatisant, et toutes les femmes le savent, d'avoir des enfants que d'avorter. Si c'est un avortement fait sciemment, délicatement [...] Chaque femme doit se faire avorter dans les conditions qu'elle souhaite. » Elle explique ensuite qu'il est tout à fait possible d'avorter des femmes en dehors du milieu hospitalier avec des équipes paramédicales : elle pense alors à la récente méthode Karman, qui vient justement d'être « testée », pour son application en France, dans son propre appartement. Juste après, elle va être attaquée sur les thèmes de la « sexualité vagabonde des femmes », ou sur sa condition personnelle de femme évidemment « privilégiée », qui ne lui permettrait pas, selon ses interlocuteurs, d'avancer de telles affirmations.

Outre la force de ces deux minutes d'archives, outre l'admiration qu'elles suscitent aujourd'hui encore pour Delphine Seyrig qui, littéralement, *prend* la parole pour être écoutée coûte que coûte, ces images nous posent une question que la collecte reprend en creux : celle du traumatisme. Delphine Seyrig ne se contente pas de briser le tabou de la sexualité des femmes, ni même de leur droit à avorter, elle va jusqu'à briser le tabou du traumatisme. On comprend en la regardant que si la société est alors quasi prête à légaliser l'avortement, elle veut continuer à penser que c'est là un acte dramatique, voire tragique, et que la femme *doit* en être traumatisée, comme pour en garder une trace ou en payer le prix psychique. Delphine Seyrig nous dit ici – et leur balance en pleine figure sur le plateau : eh bien, pas forcément. On a aussi le droit de le vivre comme une expérience, une épreuve, voire une perte – qui toutefois ne ferait pas trauma. C'est même précisément vers cet objectif que tend la loi. La collecte nous montre une certaine variété de mémoires, de rapports intimes à ce souvenir : certaines femmes en gardent des marques indélébiles, expriment un véritable processus de deuil, l'une se réveille encore la nuit à l'heure où avait commencé son hémorragie, l'autre ne supporte pas même la vision d'une toile cirée sur une table de cuisine – rappel du moment où la faiseuse d'anges lui a introduit l'aiguille. Certaines chansons, certains trajets liés à cette période les bouleversent encore. D'autres femmes gardent en mémoire la sensation d'un profond soulagement. Certaines sont choquées ou se sentent coupables, d'autres apprennent à comprendre avec le temps qu'elles ont été victimes. La palette est étonnamment large, et c'est à la fois fascinant et bouleversant de la parcourir avec elles : d'écouter la mémoire des femmes se constituer dans leurs différences, et en toute liberté.

Lou
Un non-événement

Née en 1935 à Paris, 89 ans

Lou est née dans une famille juive ashkénaze, dans le Marais, quartier qu'on appelait encore alors le Pletzl. En 1940, elle a 5 ans et les persécutions antisémites touchent sa famille de plein fouet. Alors oui, plus tard, Lou va avorter six fois, mais ce n'est pas ça qui fera traumatisme pour elle.

Je témoigne parce que c'est important de savoir que tout le monde ne fonctionne pas de la même façon, que la sacralisation d'un fœtus n'est pas égale pour tout le monde. Et qu'en ce qui me concerne, ça ne l'est pas du tout. Ça n'est pas sacré, et même à un point où c'est glauque d'avoir aussi peu d'empathie pour quelque chose qui est de la vie, soi-disant. Quand je le dis je le comprends, je le conçois, mais je ne le ressens pas. Je ne le ressens pas.

J'avais pas 20 ans, je me suis retrouvée enceinte au bout de quelques mois, avec un partenaire qui n'avait pas du tout l'intention de construire quoi que ce soit. Ça c'était clair. Et lui, il avait vraiment la conscience du cimetière sur lequel nous nous étions reconstruits, alors que moi je savais pas ce qu'il s'était passé avant. Même la déportation de mes parents, Auschwitz, les camps de la mort, tout ça, j'avais tout, tout, tout écarté. Je ne voulais pas savoir, ça m'intéressait pas. Je voulais aller de l'avant, sans aller très loin d'ailleurs, mais enfin. Alors que lui, il savait et il y avait cette volonté de ne pas reconstruire… Surtout de jouir de la vie, de gagner un peu d'argent. Au moment où je comprends que je suis enceinte : catastrophe. Je lui dis. Il ne comprend pas très bien mais il se rend compte qu'il est dans la merde.

Pour moi c'était : « On se débarrasse. » C'était même pas avorter. « On va se débarrasser de ça », voilà, c'était ça le terme. On enlevait ça comme on vide une poubelle. Alors forcément, il y avait le risque de mourir parce qu'on avait pas d'antibiotiques. D'abord, à l'époque, il n'y en avait pas des masses, il n'y avait que de la pénicilline, et encore c'était pas distribué… Moi je vous parle des années 1950 !

Je ne connaissais vraiment rien. Ce que je savais c'était surtout qu'on risquait de mourir, mais bon ça n'arrivait qu'aux autres. Et on risquait surtout la police. Ça, c'était le grand truc. Si on était prise en flagrant délit, parce qu'on avait été obligée d'aller à l'hôpital, parce qu'hémorragie ou autre, alors là, on se retrouvait en prison et on était carrément coupable de quelque chose de très transgressif. C'était gravissime. Je crois que ça, ça me faisait peur.

On a trouvé une adresse. C'était rue de Milan, dans le 8e, du côté du quartier de l'Europe. Et j'y suis allée, il m'a amenée là-bas. Il faisait sa part du boulot, mais il ne faisait pas plus : il m'amenait là-bas, il payait et puis c'est tout, il ne voulait rien savoir. C'était comme le cabinet d'un médecin bourgeois de l'époque. Le 8e, les immeubles haussmanniens, l'appartement bourgeois, archi-bourgeois. Je ne regardais jamais les adultes, je ne regardais que les jeunes. Je ne les voyais pas, pour moi c'étaient des fantômes. Il allait me rendre service, il allait me débarrasser de ça. C'était ça. Donc je me suis laissé faire.

Ce qu'il s'est passé c'est que j'ai avorté. Le type m'a injecté de l'eau. Je pense qu'il est sorti quelque chose. J'étais dans le brouillard complet, je savais même pas ce qui m'arrivait.

Là je n'avais pas peur. C'était un peu une politique de l'autruche, je ne réfléchissais pas beaucoup. Je ne pensais à rien. Et non, je n'avais même pas d'appréhension. On allait faire le job, on allait faire le boulot et puis c'est tout. Chacun son truc. Lui, il allait me débarrasser de ça.

Je savais que c'était fait.

Sauf que, quand je suis rentrée de ce week-end où j'avais énormément saigné, je suis allée travailler et j'ai commencé à avoir mal, par intermittence. Et cette intermittence se réduisait de plus en plus. J'ai eu mal une journée. Maman était là, j'ai rien dit. Et le samedi, elle allait travailler. Donc il n'y avait plus personne. Ma sœur vivait presque toujours chez sa copine et mon frère n'était pas là. Donc je me suis retrouvée toute seule et je me suis aperçue que je n'avais plus ces douleurs mais j'avais une envie de pousser. Je me suis levée. Heureusement, dans cet appartement, il y avait des waters, une petite salle de bain. J'y suis allée et quelque chose est tombé. Tombé, mais ça restait accroché. J'ai rien compris. J'ai regardé : c'était une espèce de fil avec une masse informe au bout. Oh j'ai plus ou moins deviné, sans très bien vouloir concrétiser dans mon esprit. J'ai tiré dessus, je ne savais pas qu'il y avait un placenta, je ne sais pas ce qu'il est devenu. Rien. C'est le mystère. J'ai pris des papiers journaux, parce qu'à l'époque il n'y avait même pas de sacs en plastique et tout. On devait être en 1954. J'ai pris des journaux et j'ai enveloppé ça. J'ai eu la force de descendre. Et je suis allée dans la rue, dans un caniveau, dans la bouche d'égout, et je l'ai jeté dedans. Et après je suis remontée chez moi. Ça c'était mon avortement.

J'avais déjà souffert avec cette hémorragie épouvantable, sans antibiotiques. J'aurais pu avoir une septicémie, je sais pas. Je sais pas.

Pour moi, j'étais un peu comme une petite mécanique : j'avais une chose qu'il fallait que je fasse pour très vite passer à autre chose, et surtout un but. Je ne peux pas avoir deux buts à la fois. Je vivais dans une espèce d'autre monde et la grossesse c'était l'accident dont il fallait se débarrasser pour pouvoir continuer à vivre. Parce qu'il fallait vivre déjà. J'avais quand même un certain élan de vie.

Moi, j'ai avorté, j'ai pas eu de curetage, ça s'est passé de façon absolument tragique et je suis pas morte. Pas d'antibiotiques, rien du tout. Je ne sais pas comment j'ai survécu.

Mais après c'était fini, c'était la liberté. C'étaient des choses qu'on ne partageait avec personne. Ce sont des choses qui étaient de l'ordre de la confidentialité absolue, du refoulement. Je n'en parlais même pas avec mon partenaire. C'était l'omerta absolue. Personne n'en parlait. C'était fait, bien fait, voilà. L'épisode était terminé et on passait à autre chose.

On était « débarrassé ». C'était le mot qui était revenu le plus, depuis des années et on continuait à se débarrasser. C'était le mot qu'on utilisait quand j'étais très jeune : « On va se débarrasser de ça, il faut te débarrasser de ça. » Et c'était comme ça. Et ça n'avait pas de connotation amorale puisque c'était pas un enfant, en aucun cas. Je n'ai jamais pensé qu'un fœtus pouvait être un enfant. C'était quelque chose de dérangeant, un truc honteux, une maladie, une plaie… Enfin tout ce qui est négatif, quoi. Ou même une tumeur, un abcès, je sais pas, n'importe quoi mais pas un bébé, en aucun cas un bébé. Je n'ai jamais fait la corrélation.

C'est après, en écoutant tout ce que les autres ont dit dans les quarante ans, cinquante ans que j'ai vécus depuis que j'ai compris à quel point tout ça était symboliquement investi par toute une littérature, par toute une idéologie qui a sanctifié carrément ça. Moi, ce n'était pas mon cas.

Ces avortements n'ont eu aucune conséquence sur ma vie. Aucune. J'ai juste appris à vivre. J'ai appris la vie. J'ai sondé la société, le monde, tout ce que je n'avais pas eu l'occasion de faire. J'ai compris comment fonctionnait mon partenaire, j'ai su les limites. J'ai su qu'il ne pouvait pas me donner plus que ce qu'il me proposait, c'est-à-dire pas grand-chose. Il fallait que je me débrouille toute seule. J'avais quand même l'argent, parce qu'il ne m'a jamais refusé de l'argent. Mais tout ce qui était de l'ordre affectif, ça j'avais fait l'impasse dessus. Ça m'a ni appris, ni désappris. Non. C'est rien.

C'est un non-événement, voilà.

Sauf qu'il fallait se le coltiner au moment où ça arrivait.

C'était même pas une épreuve parce qu'une épreuve c'est censé te construire. Non. C'était rien.

CHRISTINE
LE SANG SUR LA BLOUSE, MARQUE INDÉLÉBILE

Née en 1949 dans l'Oise, 75 ans

Christine grandit à Paris, et elle le dit d'emblée lors de l'entretien : elle n'a pas de très bons souvenirs d'enfance. Son père était enseignant, sa mère ne travaillait pas, ils étaient des catholiques de gauche. La découverte de l'engagement politique de gauche au moment de Mai 68 coïncide alors avec la découverte de la sexualité et du couple. Fin 1968, première expérience, Christine a 18 ans et se retrouve enceinte.

Je crois que c'est ça le mot : je voulais trouver une « solution ». De toute façon, je suis une trouveuse de solutions. Donc j'ai trouvé une solution.

C'est un copain de l'ami avec qui j'étais dont la mère pratiquait des avortements. C'était extrêmement secret, parce que la personne avait peur, comme c'était interdit, d'être dénoncée. Donc, évidemment, je lui ai promis. Et puis, une amie m'a prêté un appartement. Je me souviens très bien de l'adresse. C'était rue Bonaparte, à Paris. Et c'était une chambre de bonne tout en haut.

Alors, je me souviens très, très bien d'y avoir été. Je me rappelle à peu près du lieu. C'était une toute petite chambre avec une table. J'étais installée sur la table. Là, elle m'a mis des espèces de tiges, je ne sais pas comment ça s'appelle, des « canules », je pense. Et elle avait du mal à le faire. Donc elle m'a demandé de ne pas parler, de ne pas crier. Pour les mêmes raisons, il ne fallait pas. Mais je ne me souviens absolument pas si ça faisait mal, alors que ça devait faire un mal de chien. Et je me souviens pas du tout du visage de cette femme. En évoquant ce souvenir, j'essayais de rassembler les images du lieu, parce que c'était un peu terrorisant. Cette femme qui avait peur, moi qui voulais à tout prix que « ça parte », c'était vraiment l'expression que j'avais. Donc ça a duré je sais pas combien de temps non plus. Elle a mis plusieurs canules et puis elle y arrivait pas parce que, normalement, je crois qu'on laisse une canule, il me semble que c'est ça. Donc, ce n'est pas resté et, quelques jours après, j'ai eu une hémorragie. Et là, c'est l'amie qui était dans la chambre. Je sais pas si je suis restée dans cette chambre, je sais pas si j'y ai dormi, je me souviens absolument pas. Je me souviens que c'était petit. Pour moi, ça peut vous paraître étrange, mais c'était un peu le lieu de l'espoir, de la solution. C'était…

Je sais pas si j'y suis allée en taxi, en ambulance, comment… Je suis arrivée à l'hôpital. Là, je suis restée quelques jours. Le personnel soignant m'appelait « la petite curetée du 14 ». Donc, à l'hôpital, il y a cette espèce de mépris des soignants. *(Pleurs.)* En fait, l'équipe soignante était méprisante et en plus ils m'appelaient « la petite curetée ». En arrivant à l'hôpital, ils m'ont donné une chemise. Une chemise de nuit qui, avec l'opération, parce qu'ils m'ont fait un curetage, était pleine de sang. Ils m'ont laissé la chemise de nuit pleine de sang pendant les quelques jours où je suis restée. C'est une espèce de marque. Aujourd'hui je trouve que c'est terrible. Mais à ce moment-là, j'avais trouvé la solution et j'étais presque victorieuse de cet état. D'avoir réussi à le faire.

Après, je suis sortie… Je me souviens quand je suis rentrée chez moi, quand mes parents sont arrivés de vacances, ils ont dû avoir un appel… peut-être de leur mutuelle. Enfin, ils ont été au courant. Ma mère m'a attrapée dans le couloir en me disant : « Eh bien alors ? » J'ai dit : « Oui, j'ai eu un problème. J'ai eu une hémorragie », je ne sais pas quoi. Elle m'a dit : « Oui, c'est un curetage. » Elle, elle a compris tout de suite. Et mon père m'a traitée de putain.

Sinon, je ne l'ai dit à personne. Je l'ai même oublié et… cette histoire m'est revenue, plusieurs années après. C'était l'époque du MLF, le Mouvement de libération des femmes. Et moi j'étais présente, si vous connaissez un peu l'histoire de ce mouvement-là, il y a eu un grand événement à la Mutualité, à Paris. Moi j'y étais avec des amies, des copines. Beaucoup de femmes prenaient la parole, montaient sur scène, c'était une espèce de déferlement, de cri. C'était extrêmement émouvant. Une femme a dû intervenir et témoigner de son avortement clandestin, et, à ce moment-là, m'est revenue toute cette histoire que j'avais, dès le départ, enfouie.

Tout d'un coup, je me suis souvenue notamment de cette chemise de nuit tachée. C'est une espèce d'image comme ça qui revenait.

Témoigner aujourd'hui me replonge dans la scène. Il y a le côté mental, puis le côté affectif et plus sensible. Si je suis là, c'est parce que je pense que le témoignage est vraiment important. On voit aussi les reculs. Je fais partie de ces personnes qui pensent que rien n'est acquis. Je pense qu'on peut toujours revenir en arrière. On se demande pourquoi, dans certains pays, les hommes sont si violents avec les femmes. C'est un tel étonnement pour moi. J'ai du mal à comprendre ça. On dit « sororité » maintenant, et c'est très bien ce mot-là, il y a une vraie solidarité à avoir. Donc je suis solidaire de la jeune que j'étais, et des jeunes qui, aujourd'hui, ont du mal à avorter, ou luttent pour l'avortement.

Michelle B.

Nous avons suivi son histoire dans les premiers chapitres : Michelle, adolescente dans la Meuse, a avorté grâce à l'adresse trouvée par son petit ami. Faiseuse d'anges, sonde, puis curetage sous anesthésie à la clinique où elle a été envoyée. Elle se souvient de douleurs physiques, et a conservé en elle toutes les images – jusqu'à la couleur du sang. Sa mémoire de l'événement est celle d'une marque imprimée fortement en elle, mais aussi d'un grand soulagement. Elle a gardé ces sensations – et aussi, un disque, une chanson.

Je me rappelle très bien, j'ai encore l'image. Oui, oui, je me rappelle de tout. Surtout dans la salle de bain, c'est pas très élégant, mais il y avait beaucoup de sang. Je me rappelle de ça. Des fois, quand je vois du rouge, j'y repense, ça me revient. Ça a quand même dû marquer au niveau de l'inconscient. Mais je peux pas dire que j'en garde un mauvais souvenir, finalement.

On était quand même jeunes, mon petit copain était branché musique. Il y avait cette opportunité d'être sur Paris, pour deux, trois jours, on était venus pour la clinique. Alors on était allés s'acheter des disques, on écoutait beaucoup de disques. Je m'en étais acheté un pour moi. On n'était pas que sur l'avortement. C'était sans doute ça qu'il fallait faire. Parce qu'on était quand même jeunes. On avait envie de choses joyeuses. La musique, c'était important.

Quand je suis rentrée chez mes parents, il n'y a rien eu. Pas de discussion, pas d'explication, pas de commentaire.

Mais je suis revenue avec mon disque. C'était un disque de King Crimson, que j'ai toujours, d'ailleurs.

La chanson c'est : *I Talk to the Wind.*

Voilà l'histoire.

Épilogue

Ce qui reste

« Les mois qui ont suivi baignent dans une lumière de limbes. Je me vois dans les rues en train de marcher continuellement. À chaque fois que j'ai pensé à cette période, il m'est venu en tête des expressions littéraires telles que "la traversée des apparences", "par-delà le bien et le mal" ou encore "le voyage au bout de la nuit". Cela m'a toujours paru correspondre à ce que j'ai vécu et éprouvé alors, quelque chose d'indicible et d'une certaine beauté. »

Annie Ernaux, *L'Événement*

Après trente semaines passées à visionner les témoignages de femmes avortées de cette collecte, à en lire et relire les transcriptions écrites, à tenter de composer un récit à la fois chronologique et choral, il est difficile d'accepter de refermer le livre : de clore un espace et un sujet – les femmes, l'avortement, la clandestinité – qui par définition n'a pas de fin. Cela m'impressionnait : il fallait que le récit qu'on en tire soit *à la hauteur* de ces paroles. À la hauteur de leur courage, de leur dignité, de la confiance qu'elles et ils ont accordée en participant à cette collecte et en acceptant de confier leurs témoignages. J'ai travaillé en construisant le récit comme un morceau de musique : l'avortement au singulier se démultipliant en avortements pluriels, chaque histoire comprenant à la fois toujours les mêmes étapes (un refrain), et chaque fois des circonstances, des nécessités, des coordonnées sociologiques et affectives différentes (des couplets).

Cette collecte impressionne car elle est littéralement monumentale, au sens où elle est immense, pleine de multiples ramifications (pour rappel, plus de quatre cents réponses à l'appel à témoin initial, soixante-dix-neuf tournages organisés dans toute la France, des équipes techniques et des comités scientifiques mobilisés pendant deux ans). Mais elle est monumentale aussi au sens d'un monument ou d'une statue : elle ressemble à cinquante statues de femmes qui se mettraient à se répondre. La nature d'une statue, c'est qu'elle reste. Ce qui guidait ma recherche, alors que je construisais le livre, était vraiment l'idée qu'au-delà des images, le livre allait donner à ces paroles une vie qui resterait. *Pour que ça reste* : cela est devenu le sens premier et absolu du travail ; plus j'avançais, plus je le vivais comme une nécessité, et une urgence.

Alors, que reste-t-il de ces trente semaines de plongée ?

Il me reste en premier lieu un fait simple et radical, que ce livre doit à mon sens faire comprendre dans sa brutalité : la clandestinité, c'est la mort. Les avortements clandestins tuent, ils ont tué depuis toujours, ils continueront de tuer : la clandestinité ouvre d'abord ce risque-là, concret, réel, primitif. Avec tout ce qu'il implique de trauma, de deuil impossible pour les proches et les familles – nous l'avons entendu dans plusieurs histoires. La femme qui avorte est soumise à cette possibilité ultime dès l'instant où elle décide d'interrompre sa grossesse.

Et pourtant.

Ce qui reste aussi, c'est l'absolue détermination des femmes. Rien ne vient arrêter une femme qui veut avorter, qui ne veut pas avoir cet enfant – si le risque mortel ne vous arrête pas, vous allez au bout de tout. Il y a là un noyau indéfectible de liberté de la femme. Ce livre en est un des refuges.

Il me reste enfin l'idée que disposer de son corps, pour une femme, pour les femmes, ne leur sera jamais acquis, que les hommes penseront toujours qu'ils peuvent en décider autrement ou que c'est naturel, pour eux, de contrôler cela ; qu'il faudra toujours et malgré tout devoir se justifier, en référer à, discuter. Le Manifeste des 343 n'a pas pris une ride, lorsqu'il déclare : « La complexité des émotions liées à la lutte pour l'avortement indique avec précision notre difficulté d'être, le mal que nous avons à nous persuader que cela vaut le coup de se battre pour nous. »

Cela vaut le coup – ce livre le montre à chaque page.

*

J'ai abordé ces témoignages, au départ, comme une matière mémorielle : j'ai entendu la nécessité de recueillir des paroles de témoins qui se mettent à parler enfin, et qui bientôt ne le pourront plus. Le livre avait la vocation de faire exister ces paroles-là à ce moment précis, à aucun autre. Ce livre, nous l'avons conçu comme un espace de mémoire qui donnerait une autre vie à ces mots-là, un objet que les femmes (et les hommes) pourraient avoir en partage, se donner, se passer, pour raconter et faire savoir. J'espère avoir restitué la mécanique implacable et précise du souvenir qui revient – elle compte parmi ce qui m'a bouleversée.

Peu à peu, au cours du travail, cette matière passée est devenue un présent manifeste. Ce n'étaient plus, ou plus seulement, des souvenirs d'avortements clandestins avant la loi, c'étaient des paroles de femmes qui ont avorté, et se reliaient à des femmes qui avortent, et à des femmes qui avorteront. L'accès à un avortement légal et sécurisé, qui me paraissait acquis et presque naturel au moment où je commençais à les écouter, s'est imposé à moi comme bien plus qu'un droit : comme une nécessité vitale. On l'entend tout du long, je le répète, la clandestinité signifie le danger et la vulnérabilité extrêmes, voire la mort. Mais cet accès s'est aussi révélé dans son absolue fragilité. Il me semble qu'en écoutant ces histoires, on comprend en quoi le droit d'avorter, et plus largement de disposer de son corps, est en soi un droit que les femmes doivent toujours déjà protéger, penser, transmettre – il ne sera jamais ni acquis ni évident. Il ne peut exister que dans cette essentielle précarité.

*

Ce qui reste, dès lors, est-il politique ? La nature de la collecte, selon celles et ceux qui l'ont à la fois pensée, initiée et rendue possible, était de dessiner la dimension politique de la loi sur l'avortement, *mais en creux*. Pour les cinquante ans de la loi Veil, changer de focale : ne pas raconter cette histoire du point de vue militant, mais ordinaire et intime. Ils n'imaginaient pas que les témoignages leur donneraient à ce point raison : sans jamais parler de politique, en évitant ou en limitant la parole militante, atteindre le socle fondamental du droit. Par les voix de ces femmes aujourd'hui âgées, depuis leur salon, leur cuisine, entendre la puissance politique d'une question qui met en jeu l'égalité homme-femme, la survie de l'espèce, notre rapport à la vie et à la mort. Ce projet n'est pas politique dans son intention, ni dans son contenu manifeste, et pourtant il nous conduit à l'endroit précis où l'avortement nous pose question : nous, en tant que femmes mais aussi en tant qu'hommes, en tant qu'individus et en tant que société, en tant que pères et mères et en tant qu'enfants de nos parents, dans notre intimité la plus profonde comme dans notre rapport au monde et notre conscience politique. L'avortement est ce carrefour d'intensités où tout se rejoint.

À l'automne 1971, une jeune philosophe américaine de 42 ans, Judith Thomson, est invitée à écrire dans une nouvelle revue de philosophie appelée *Philosophy and Public Affairs*. On attend alors des philosophes de sa génération qu'ils s'engagent à travers une parole politique : contre les violences de guerre (la guerre du Vietnam continue de diviser), le racisme ou, déjà, les atteintes à l'environnement. Pour la première fois, Judith Thomson décide d'aborder l'avortement, encore illégal dans la plupart des États américains à cette date. Elle le traite non pas comme une question politique, mais comme une question de philosophie pratique. Pour ce faire, elle propose en quelques dizaines de pages un argumentaire limpide et accessible à tous, avec une nouvelle méthode : celle des « expériences de pensée ». Imaginons que, imaginez ceci. Elle sort alors totalement du cadre d'une parole politique ou militante pour donner des images, et construire ainsi un véritable raisonnement – une expérience. Parmi les images qu'elle invente et développe, celle restée célèbre, du violoniste : imaginez, nous demande-t-elle, qu'un matin, vous vous réveilliez branché dans votre lit à un violoniste inconscient. « Vous vous réveillez et vous retrouvez dos à dos dans votre lit avec un violoniste inconscient. Un célèbre violoniste inconscient. On lui a diagnostiqué une maladie des reins mortelle ; la Société des Mélomanes a examiné tous les dossiers médicaux disponibles et trouvé que vous seul avez le bon groupe sanguin pour le sauver. Ils vous ont donc enlevé la nuit dernière, et le système circulatoire du violoniste a été branché au vôtre, de sorte que vos reins peuvent être utilisés pour extraire les poisons de son sang ainsi que de votre propre sang. S'il est débranché de vous désormais, il va mourir ; mais dans neuf mois, il aura récupéré de sa maladie, et pourra en toute sécurité être débranché de vous. »

Est-il envisageable de vous débrancher du violoniste, même si vous causez ainsi sa mort ? Judith Thomson démontre que oui, et que cela tient aux limites du « droit à la vie », argument massif des « pro-life », c'est-à-dire de ceux qui s'opposent non seulement à la légalisation de l'avortement, mais encore sont contre l'idée même qu'une femme puisse, y compris clandestinement, interrompre une grossesse. Le fœtus, avancent-ils, a droit à la vie, comme tout être humain. Oui mais, démontre Judith Thomson en passant par cette histoire incongrue de violoniste, le droit à la vie, s'il est valable, n'inclut pas le droit d'utiliser le corps d'une autre personne. En débranchant le violoniste, vous ne violez donc pas son droit à la vie, vous le privez simplement de quelque chose : l'utilisation de votre corps sur lequel il n'a aucun droit, car… ce n'est pas le sien.

Ce texte a eu un succès phénoménal aux États-Unis, notamment chez les jeunes générations, et il continue d'être utilisé dans les débats autour de l'avortement, plus de cinquante ans plus tard.

Selon ses interprètes, ce succès tient au fait que Judith Thomson, en proposant ces « expériences de pensée », a su parler au plus grand nombre ; et, en particulier, aux hommes. Car pour la première fois, on leur propose d'imaginer – donc de pouvoir se mettre *à la place de la femme enceinte*. Or, cette femme, explique Thomson, n'est pas seulement locataire de la maison où elle est, à l'égale du fœtus qui s'y trouve avec elle, mais *propriétaire* de cette maison, où elle n'a pas nécessairement invité ce fœtus à entrer.

Par ces métaphores immobilières et mélomanes, à la fois décalées et éloquentes, l'avortement devenait, sans en avoir l'air et avant même d'entrer dans la loi, le sujet du premier grand texte de philosophie féministe. Ça vaut le coup de se battre pour nous, écrivait Beauvoir quelques semaines à peine auparavant, en avril 1971 – on peut même estimer que ces deux textes sont contemporains.

Les témoignages de ces femmes, leurs avortements clandestins, ne nous offrent-ils pas aussi, en étant singulièrement hors du politique et partout politiques, des expériences de pensée qui peuvent s'adresser à tous ? À tous – et pas seulement à toutes. Les paroles des hommes qui rythment ce livre constituent, je l'espère, une forme de programme pour l'avenir.

*

Sans avoir exclu les hommes de mon écoute donc, au contraire, j'ai toutefois l'impression qu'il me reste *in fine* de ces six mois d'enquête un lien étrange et indirect qui se serait créé entre ces femmes et moi. Non pas moi comme individu, mais comme maillon d'une chaîne continue de femmes à travers les générations. Comme fille reliée à ma mère, à mes sœurs, et à mes grands-mères, et à leurs sœurs, à mes amies et à leurs filles, à toutes les femmes qui nous ont précédées : comme appartenant de plain-pied à ce « genre » qui, certes, a souffert, souffre et souffrira de cette possibilité de pouvoir donner naissance, mais qui, en même temps, partage ce lien ultrapuissant. À travers l'écoute de ces femmes et de leurs histoires, j'ai vu se dessiner avec une force difficile à décrire ce tissage de liens entre les femmes, toutes les femmes, depuis la nuit des temps : une forme de sororité avant la lettre. Les avortements sont aussi, bien souvent, des espaces-temps où les femmes s'aident et se relient, sans obstacle, sans biais, sans dettes, dans une forme de solidarité très primaire, et infiniment solide. Tout se passe comme si on se disait alors : « On se doit bien ça. » J'ai souvent repensé à ce passage de *L'Événement* où Annie Ernaux rend hommage à sa camarade de chambre de la cité universitaire, si éloignée d'elle et de l'avortement par son milieu d'origine et ses convictions (catholiques), qui pourtant l'accompagne totalement et lui donne en cet instant tout ce qu'elle peut :

> Par ses croyances et son idéal bourgeois O. n'était pas préparée à couper le cordon d'un fœtus de trois mois. À l'heure qu'il est, peut-être se rappelle-t-elle cet épisode comme un désordre inexplicable, une anomalie dans sa vie. Peut-être condamne-t-elle les IVG. Mais c'est elle, dont je revois la petite figure rechignée en pleurs, elle seule qui était à côté de moi, cette nuit-là, dans le rôle improvisé d'une sage-femme, chambre 17, de la cité des filles[1].

J'ai souvent repensé, aussi, à Annie, témoin de la collecte, qui rit face caméra en se souvenant du jour où une amie à elle, venue boire un café dans sa cuisine – amie qu'elle avait avortée sur cette même table de cuisine quelques années auparavant –, s'était mise à avoir un fou rire irrépressible en disant : « Elle en a vu, des culs, ta table de cuisine ! » Je dois dire aussi qu'avec elles, j'ai souvent ri. Et dans ce rire

1. Annie Ernaux, *L'Événement*, *op. cit.*

se loge sans doute quelque chose de l'incroyable force de cette sororité.

*

Dans les semaines qui ont suivi la fin de mes visionnages, j'avais des espèces de flash-backs parfois sonores, parfois visuels, ou juste des phrases qui m'arrivaient.

Je revoyais Simone Veil s'installer au prétoire et prononcer cette phrase, « il suffit d'écouter les femmes » : désormais j'entends, nous entendons beaucoup de voix, beaucoup d'histoires, beaucoup de douleurs. Il n'y a pas un scénario d'avortement, il y en a autant que de femmes avortées.

J'avais très souvent dans la tête la chanson *J'ai la mémoire qui flanche*, citée à plusieurs reprises par Annie Ernaux – et lorsque je la réécoutais ou la chantonnais, je l'entendais différemment : à l'instant où Jeanne Moreau chante qu'après toutes ces nuits blanches « il ne reste plus rien », pour moi, maintenant, elle parle d'un avortement, de la sensation de ventre vide et de profond soulagement qui suit la fin d'un avortement. C'est ça, aussi, qui me reste de ces voix de femmes.

J'ai passé six mois avec elles, je n'ai pas fini d'en explorer, d'en questionner les effets et les réflexions, qui sont à vous désormais. Mais six mois, pensons à cela pour finir, cela signifie qu'au cours de l'écriture de ce livre, dans le monde, près de 20 000 femmes sont mortes d'avoir avorté[1].

Ces pages se sont transformées en même temps qu'elles s'écrivaient : d'une collecte de mémoires, elles ont impulsé un mouvement, et sont devenues présent – chaque visage, chaque histoire écrivant devant nous en lettres majuscules : VIGILANCE.

1. « Chaque année, 7 millions de femmes sont hospitalisées à la suite d'un avortement réalisé dans de mauvaises conditions et 39 000 y laissent leur vie », cité dans le rapport d'information de la commission des affaires sociales du Sénat, paru le 16 octobre 2024, déjà cité. Sur la période d'écriture de six mois, nous pouvons donc estimer une moyenne de 3,5 millions de femmes hospitalisées et de 19 500 femmes décédées des suites d'un avortement.

Crédits

Table

NORD COMPO
multimédia

Composition et mise en pages
Nord Compo à Villeneuve-d'Ascq

CET OUVRAGE
A ÉTÉ ACHEVÉ D'IMPRIMER
SUR ROTO-PAGE
PAR L'IMPRIMERIE FLOCH
À MAYENNE EN JANVIER 2025

N° d'édition : 646463-0. N° d'impression : 106192
Dépôt légal : janvier 2025
Imprimé en France